シリーズ「遺跡を学ぶ」147

巨大古墳の時代を解く鍵
黒姫山古墳

橋本達也

新泉社

巨大古墳の時代を解く鍵
―黒姫山古墳―

橋本達也

【目次】

編集委員
勅使河原彰（代表）
小野　昭
小野　正敏
石川日出志
小澤　毅
佐々木憲一

装　幀　新谷雅宣
本文図版　松澤利絵

第1章　黒姫山古墳とは

1　巨大古墳の時代を解く鍵

さえぎるもののない田んぼのひろがりのなかに、ぽっこりと浮かびあがる深緑の木々におおわれた小さな山、昭和が終わるころまでは一見何でもないような風景が大阪南部の平地にあった。いまでは周囲の開発も進んだこの小さな山が黒姫山古墳《くろひめやま》である（図1）。

三世紀半ばから七世紀初頭までの三五〇年ほどつづいた、前方後円墳を中心とする古墳の築造が社会のさまざまな関係を規定した古墳時代。そのなかでも西暦四〇〇年代を中心とする古墳時代中期は日本列島の各地域で最大級の古墳を築いた時代として知られる。この時代の大阪平野では古市《ふるいち》古墳群、百舌鳥《もず》古墳群に巨大な前方後円墳が築造された。世界史的にみても傑出した威容を誇る両古墳群の主要古墳は二〇一九年には世界文化遺産に登録された。

黒姫山古墳は、大阪府堺市美原《みはら》区黒山《くろやま》に所在し、古市古墳群の誉田御廟山《こんだごびょうやま》古墳（応神陵古墳）までは東に五キロ、百舌鳥古墳群の大仙陵《だいせんりょう》古墳（仁徳陵古墳）までは西へ六・七キロという、両大古墳群の中間地点に孤高の雄姿をみせている（図２）。

両古墳群の巨大古墳とくらべれば大型ではないが、数少ない発掘調査によって古墳の構造、埋葬施設、出土資料の判明している同時期の古墳である。世界文化遺産の構成資産には含まれていないが、両古墳群の大型古墳群の実態を理解するうえで欠かせない存在である。

一九四七年一二月、黒姫山古墳で発掘調査がおこなわれた。この調査では前方部墳頂に築かれた石室内から二四セットにものぼる甲冑《かっちゅう》が出土した。この甲冑の出土数は、全国で数多くの古墳の発掘調査がおこなわれてきた現在にあっても匹敵するものがない。また、良好な埴輪列

図１●黒姫山古墳
大阪平野南部、堺市美原区黒山に所在する。市街地化が進み見通しが悪くなったが、少し高く上がれば六甲山から淡路島と大阪湾も望める距離と地形である。かつては3階建ての小学校の屋上からでも百舌鳥古墳群の大仙陵古墳が望めた。

の検出も古墳の実態を解明するうえで画期的な成果であった。

先に結論的に述べれば、黒姫山古墳は五世紀代の古墳時代中期、まさに古市・百舌鳥古墳群に営まれた巨大前方後円墳と同時期のものであり、「倭の五王の時代」に生き、活躍した人物が埋葬されたとみてまちがいない。

とくに、この時代の甲冑は、巨大古墳被葬者たちを中心とする近畿中央政権を象徴する政治性をもった器物と考えられ、その保有は中央政権との関係、地位や身分などの表示に関係するものと考えられる。黒姫山古墳での二四領の出土は、この時代の中央政権、倭国の政治的権威を象徴するものなのである。

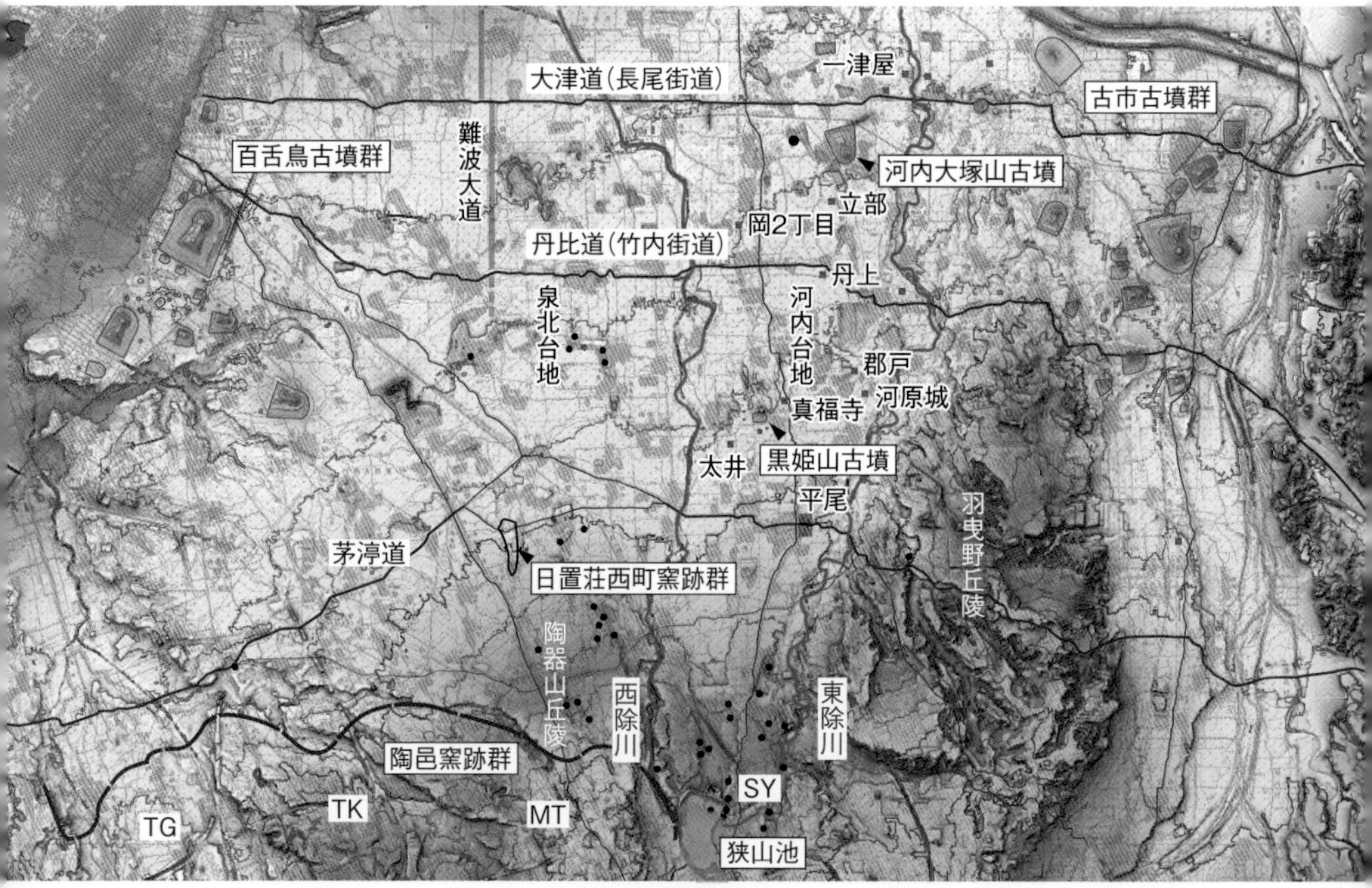

■ 古墳　TG、TK、M、SY は陶邑窯跡群の地区名　● 陶邑外の須恵器窯　赤線は古道

図2 ● 丹比野の歴史的環境地図

黒姫山古墳のある河内台地を中心とする地域は歴史上にタジヒ（丹比・多治比）とよばれた地域である。古市・百舌鳥古墳群の中間に位置し、交通の要衝でもあった。黒姫山古墳以前の遺跡がきわめて少なく、5世紀中葉以降に本格的な開発がはじまったと考えられる。

よく知られるように古市・百舌鳥古墳群の大型古墳は宮内庁によって天皇陵に治定され、実態の解明にはかなり遠い状況にある。黒姫山古墳は発掘調査がおこなわれ、古墳の実態に関する多くの情報を提供してくれている、巨大古墳を知るうえでの基準資料なのである。

2　発掘、黒姫山古墳

戦後、森浩一氏らによる発掘調査

黒姫山古墳、この名前は、その考古学的な重要性の割には一般には必ずしも知名度が高いとはいえないだろう。最大の成果となった発掘調査は一九四七〜四八年という敗戦後の混乱期のなかでおこなわれた。当然、物資も不足し、十分な調査体制がとれる状況にはなく、まだ考古学の成果が話題になることも少ない時代であった。

この古墳はもともとクロマツでおおわれており、そのために戦時中に松根油《しょうこんゆ》を採ろうとして墳丘が掘り返された。結果、前方部墳頂で石室が露出するに至った。そして、一九四五年五月五日、古墳の南東にある集落でこの石室から持ち出された鉄製甲冑があることに、周辺を踏査で訪れていた森浩一氏が気づいた。このあたりの経緯については森氏の著書『僕は考古学に鍛えられた』にくわしく描写されている。

そして、一九四七年一二月二二日から翌四八年一月七日まで、末永雅雄氏が大阪府から調査を委託され、森氏を現地担当とする発掘調査が実施された。第一次調査では前方部石室から調査を開始し、埴輪列、墳丘調査がおこなわれた（図3）。つづいて一九四八年一二月二三日から翌四九年一月七日までの第二次調査では、墳頂の上段埴輪列、後円部墳頂の方形埴輪区画、後円部主体部および墳丘測量の仕上げがおこなわれている。森氏は当時、一九〜二〇歳である。

珍らしい新型ヨロイも出る
[illegible]墳の[illegible]とんど終る

南河内郡黒山村下黒山西方に黒姫塚といわれる比較的小型で完全な前方後円墳があるのを府史跡調査委員末永雅雄氏が発見、橿原考古学研究所員や、同志社予科、森浩一君たちを助手に堺中学、富田林中学、大阪農学校生徒たちの史学徒が労力奉仕を引受け去月二十二日から本格的発掘を開始、現在はにわ円筒列の中下段をのぞく全部の作業が完成した

古墳は今から千六百年前のもので應神天皇陵を中心とする古市誉田古墳群の一つであり、位置は仁徳天皇百舌鳥耳原中陵と中河内郡松原町大塚古墳とのえがく扇のカナメ部に当る、一重の堀を巡らし、長さ百二十米、巾六十米で周囲には六つの陪塚があつたが一つだけ現存している

また石室には西向に短甲（胸部、腹部のみをおゝう短いヨロイ）八組、東向に短甲十六組を両方から配置、眞ん中に未発見の草摺付ヨロイ（挂甲という）が二組置かれその一つは学界でも珍らしい新型式のもので、ヨロイの中に眉庇付カブト十三個、クルミ型衝角付カブト十一個が納められてある＝写眞は黒山古墳の石室

図3 ● 第1次調査

上：黒姫山古墳第1次調査、前方部石室での記念写真（米谷晃一氏撮影、宮川徏氏提供）。下：調査のニュースは新聞に小さく掲載されたのみであった（1948年1月18日、朝日新聞大阪地方版）。

『河内黒姫山古墳の研究』

この調査の報告書は、一九五三年に大阪府文化財調査報告書の第1冊として刊行された、戦後、大阪府が刊行した文化財調査報告書のなかの記念碑的な存在である（図4）。本書でもこの報告書を主たる典拠として黒姫山古墳の姿をみていく。

この報告書に掲載された墳丘図は（図5）、その後、近藤義郎氏らの『考古学の基本技術』や西谷真治氏が記述した『図解考古学辞典』の「測量」の項目といった調査技術の解説において、前方後円墳の墳丘測量の手本として引用されている。また、甲冑の実測図も長く、その手本として利用された。この調査および報告が高い問題意識に支えられた良質な研究に裏づけられていたことの証であろう。

その後の発掘調査と史跡整備

黒姫山古墳は、その後にも数次の調査がおこなわれている（表1）。一九七七年には、嶋田暁《しまだあきら》氏を主担当として周庭帯《しゅうていたい》の確認のための発掘調査がおこなわれた。また、一九八八年には高速道路・阪和道の側道部調査にともなって周庭帯の南東部をかすめる位置の発掘調査がおこなわれた。さらに、一九九〇年に

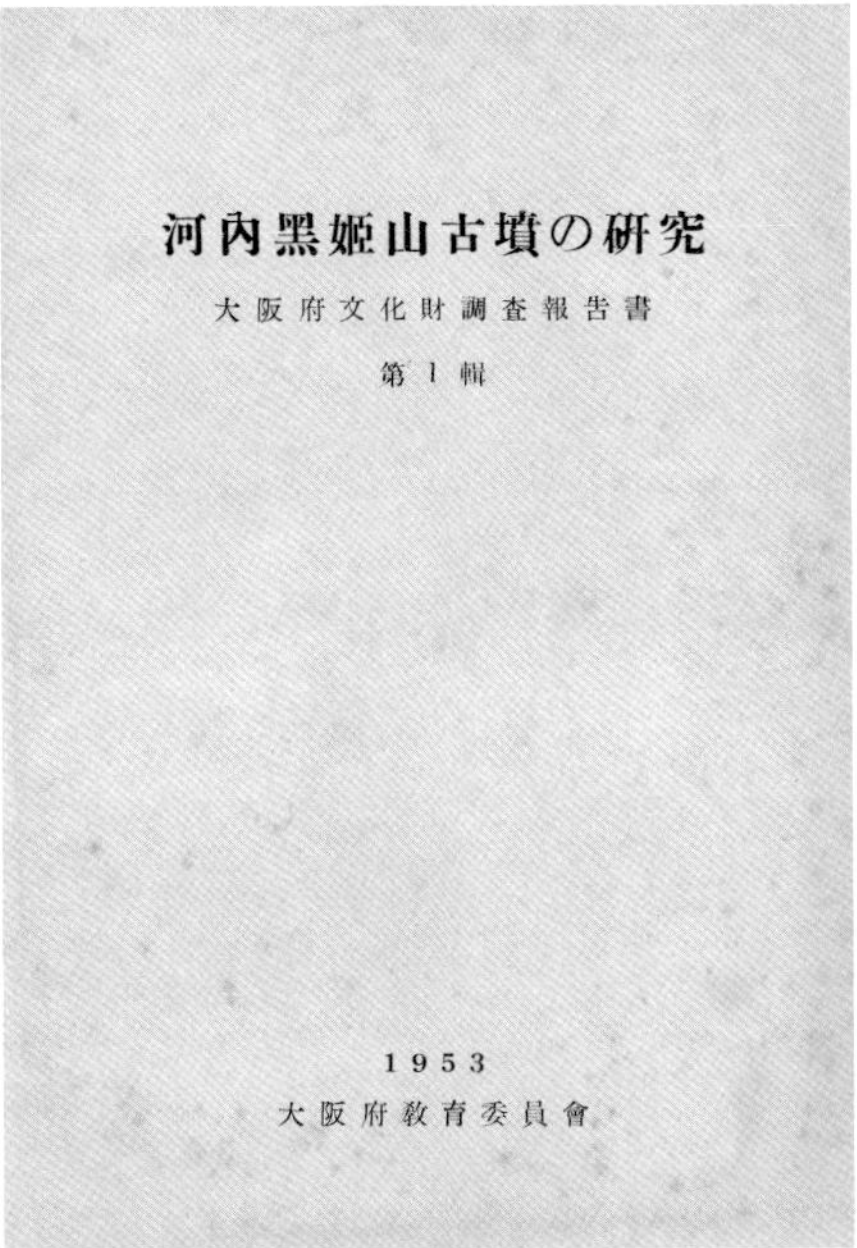
河内黒姫山古墳の研究
大阪府文化財調査報告書
第１輯
1953
大阪府教育委員會

図4●『河内黒姫山古墳の研究』
1953年刊行、戦後の大阪府文化財調査報告書の第1冊。

は美原町教育委員会が史跡整備事業として、前方部石室の再発掘とその周辺の埴輪列の調査、主軸付近の後円部・前方部の墳丘斜面のトレンチ調査、墳丘裾部の発掘調査をおこない、あらためてこの古墳の実態を確認している。

なお、墳丘および周溝は一九五七年に国指定史跡になり、一九七八年には周庭帯部分が史跡に追加指定され、一九九〇年代には周辺が史跡公園として整備され現在に至っている。

黒姫山古墳の記録と名称について

まずは黒姫山古墳に関わる記録を確認しておこう。現在は遺跡や国指定史跡としての名称は黒姫山古墳であるが、地籍上は大字黒山字黒姫塚で、地元では一九八〇年ごろまで「墓山《はかやま》」や「黒姫

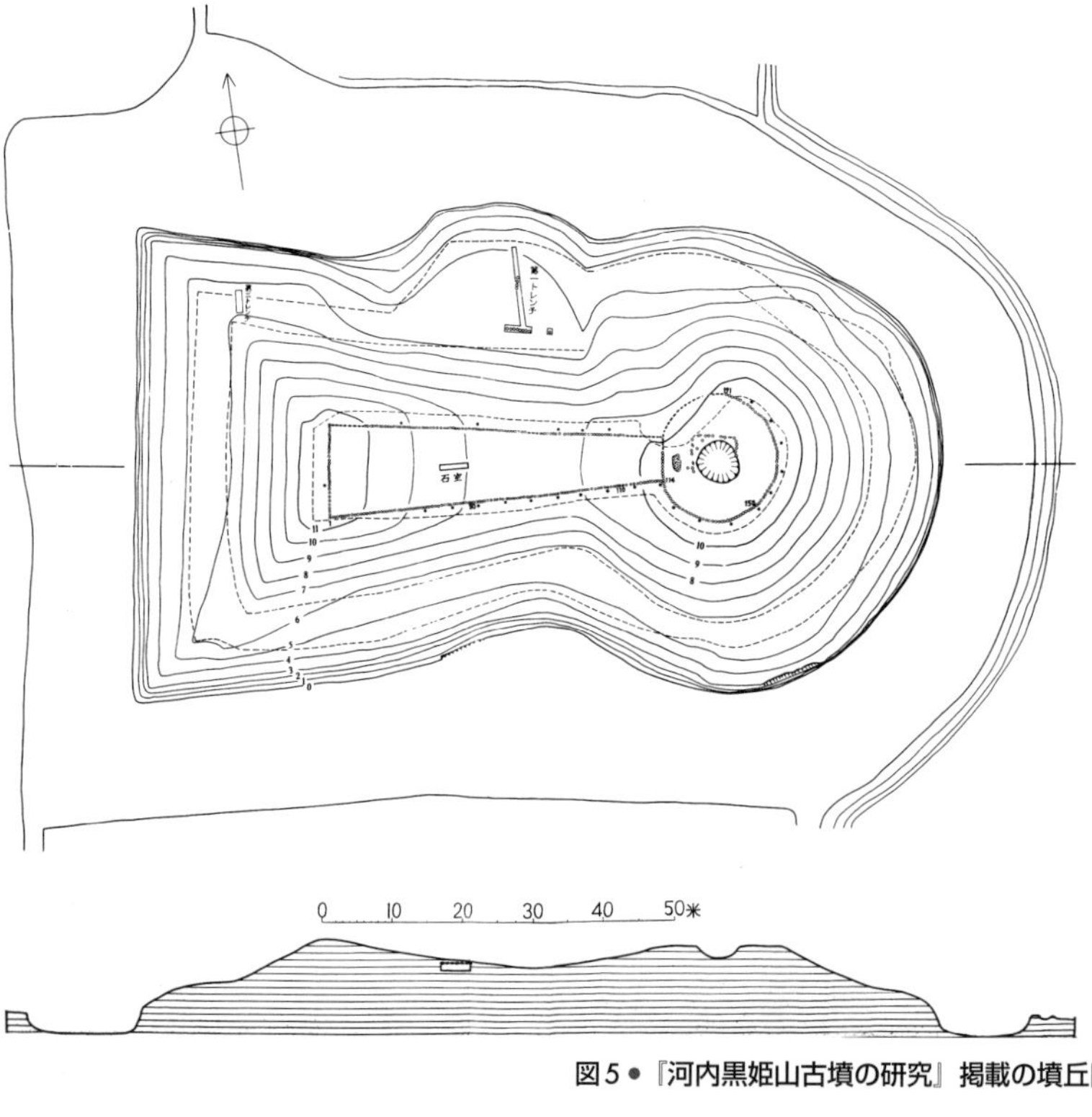

図5●『河内黒姫山古墳の研究』掲載の墳丘図

塚」とよばれることが多かった。

黒姫山古墳に関するもっとも古い記録は、一六七九年（延宝七）の『河内鑑名所記《かわちかがみめいしょき》』で、ここでは「天武天皇御廟所」と記録されている。少なくとも、この時期以前から、地元で高貴な人物の墓だと認識されていたことになる。つづく一六九九年（元禄一二）『諸陵周垣成就記《しょりょうしゅうえんじょうじゅき》』およびそれ以後の江戸時代の記録では仁賢天皇陵とするものが多い（**図6**）。また一八七五年（明治八）には明治政府によって、仁賢天皇の皇后・春日大娘皇女《かすがのおおいらつめ》陵に治定《じじょう》されたが、その後一八七九年（明治一二）には性急な治定に誤りがあったとして取り消しになり、以後は国有地として現在に至る。

天皇陵としての名称以外では、一八〇一年（享和元）の『河内名《かわちめい》所図会《しょずえ》』に「荒陵《あれのみささぎ》」、別名「墓山」との名がみえ、墓山がより古くからの名称とみられる。黒姫山が正式な名称となるのは、『河内黒姫山古墳の研究』以後である。ここで黒姫山を採用したのは、古市古墳群中の墓山古墳と同名になるのを避けたためで、研究上の便宜を優先したものであった。「黒姫山」の名称は記録にも地元での呼称にもみあたらない、新しくつけられたものである。

「黒姫」の名称は明治の陵墓治定の際に、履中天皇后妃である黒媛

表１●黒姫山古墳発掘調査の経過

調査次	調査年度	調査箇所	調査主体	主担当
1次	1947年	前方部石室・前方部埴輪列・墳丘測量	大阪府	末永雅雄・森浩一
2次	1948年	後円部埋葬施設・後円部埴輪列・前方部埴輪列・造り出しトレンチ・墳丘測量	大阪府	末永雅雄・森浩一
3次	1977年	周庭帯（周溝西外側）	美原町	嶋田暁・宮川徏・庖丁道明
4次	1988年	周溝南東外側	美原町	泉谷博幸
5次	1990年	前方部石室・前方部墳頂・墳丘主軸トレンチ・周濠内	美原町	泉谷博幸

が被葬者候補にもあげられたことが関係するのかもしれないが、むしろ黒媛が被葬者候補になったのは地名が黒山であったことに由来する根拠の弱いもののようにも思われる。

その黒山の地名は一〇世紀、平安時代の『和名類聚抄《わみょうるいじゅしょう》』や『延喜式《えんぎしき》』にも河内国丹比《たじひ》郡黒山郷としてみえ、早くは『日本書紀』の孝徳朝の記事にも登場する。すくなくとも八世紀初頭の『日本書紀』編纂段階までにはその名称で通っていたとみられる。そして、この黒山郷はおおむね平坦な台地上にあり、丘陵地域は含まず、「山」とよべる場所は黒姫山古墳をおいてほかにない。平坦地に浮き上がるランドマーク、この古墳の存在から「黒山」との名称が生じた可能性は十分に考えられる。

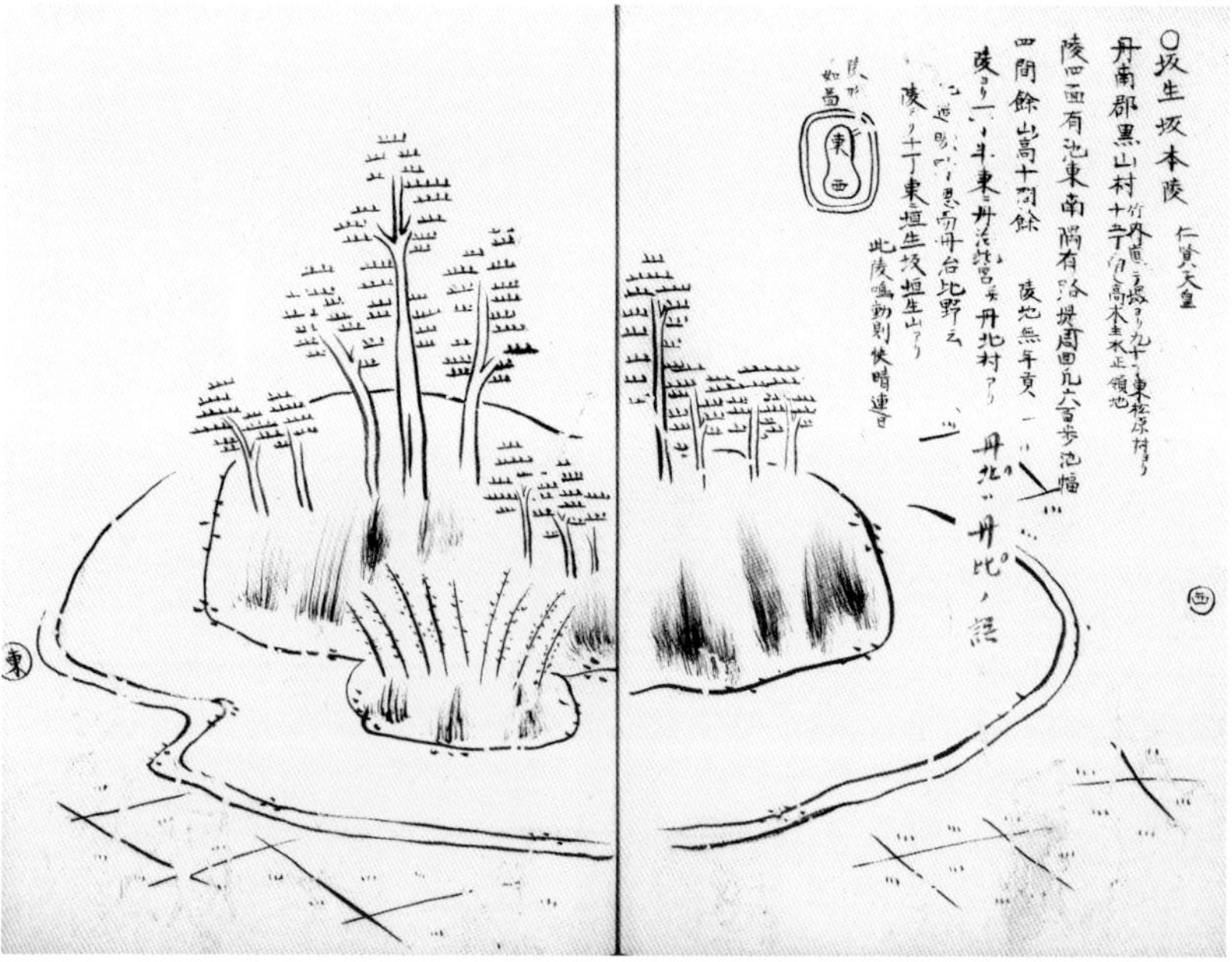

図6●伴林光平『河内国陵墓図』にみえる黒姫山古墳

幕末・河内の国学者、伴林光平が現地調査をおこなって作図したものと考えられる。北側からみた図で、墳丘の中央に造り出しを描き、左側が後円部である。この時期には仁賢天皇陵として調査・記録されている。1841年刊行。

第２章　解明された黒姫山古墳

1　黒姫山古墳の構造

墳丘

まずはこの古墳の全体像を理解するうえで必要な情報をみてみよう。墳丘長は『河内黒姫山古墳の研究』で一一四メートルとされ、これまでその数値が定着しているが、第五次調査で作成された測量図および墳裾部での調査成果にもとづけば、およそ一二二（一二〇・五〜一二二・五）メートルとするのが妥当である。墳丘斜面に一段のテラス面をもつ二段築成の前方後円墳で、斜面は全面を川原石で葺石《ふきいし》を施し、墳頂部とテラス面には埴輪を立てめぐらせている。後円部と前方部はほぼ同じ高さであるが、前方部のほうがほんのわずかに高い（図7）。

濱田耕作の研究によって知られるように、前方後円墳は新しくなるにつれ後円部にたいして前方部が大型化して高くなる。高さの比からみると、この古墳が古墳時代中期中葉〜後葉に属することがわかる。

また、墳丘長一二〇メートル級は古市・百舌鳥古墳群の古墳と比較してもナンバー2から3クラスの規模であり、地方に築かれる古墳では最大級になりうる規模である。

ただし、現状は古墳時代の姿のままではない。墳丘北側では中段のテラス面以下の下半部や造り出し部付近は盛土で大きく改変されていることが確認されている。

造り出し上には礎石をもつ建物があった。この地域は南北朝期、千早赤阪《ちはやあかさか》を拠点とした楠木氏勢力の前線地域であり、近接していくつもの城館が築かれているので、古墳が城塞などに利用された可能性が考えられる。平地にあり、北側にひろがる大阪平野を見わたせるこの古墳は絶好の立地であり、中世の古墳利用という観点からも注目できる。

周濠と周庭帯

墳丘には水をたたえた周濠がとりまいている。北側は拡張されているとみられ、古墳再利用の際の盛土も主として北側周濠の浚渫《しゅんせつ》によって供給されたのであろう。東・西・南側はおおむね本来の形状を反映しているようである。灌漑溜池《かんがいためいけ》として利用されており、水は上流にある狭山池から供給されている。溜池は夏に雨が少ない瀬戸内海式気候地域の文化的景観でもある。

古い航空写真をみると西側や南側の周濠に接して帯状の旧地割があり、周庭帯がめぐっていたと考えられている。第三次調査では西側で発掘調査がおこなわれ、周庭帯外面の傾斜を確認し、第四次調査では後円部南東側で埴輪が倒れ込んだ周庭帯外側を画する溝状遺構を確認した。

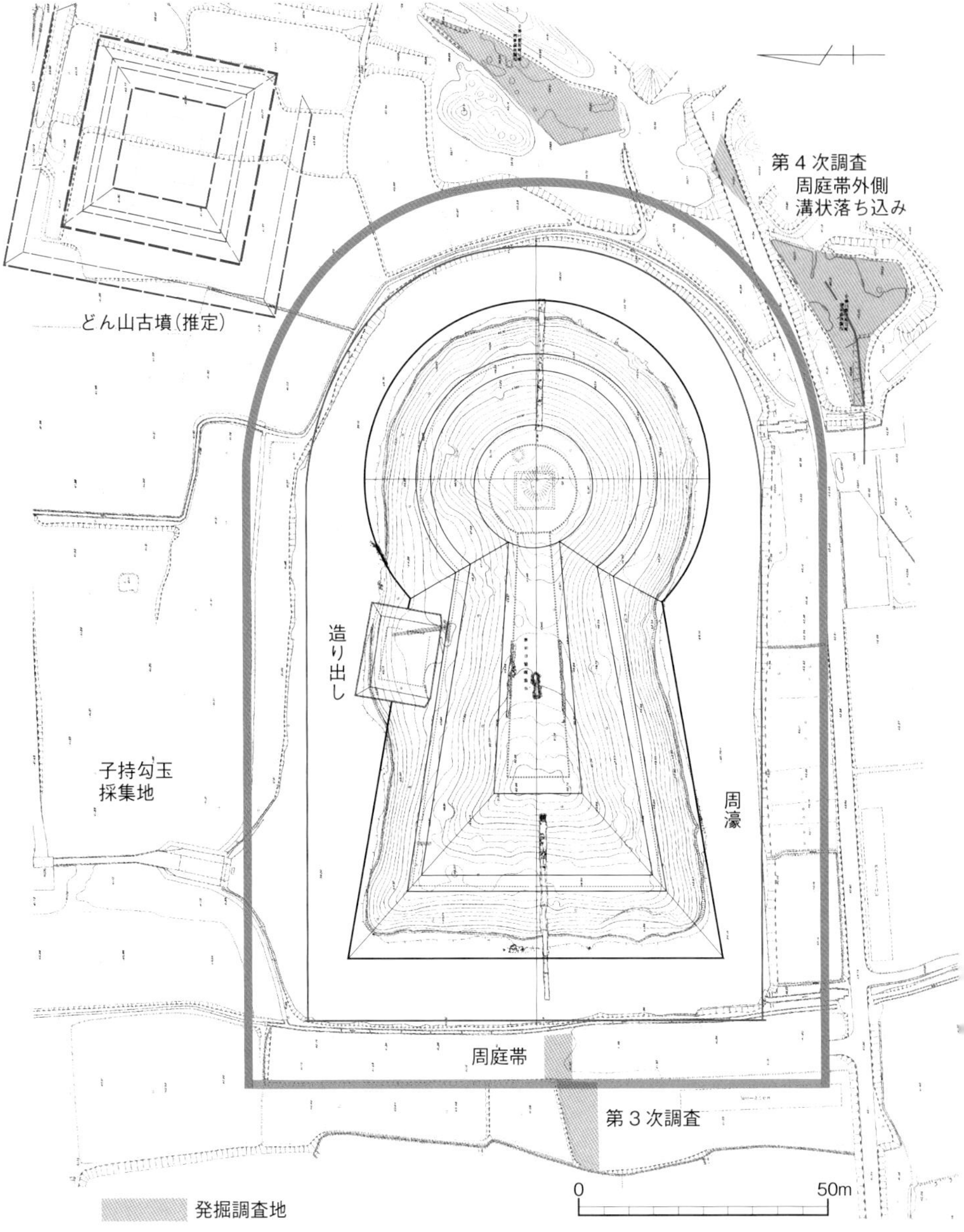

図７● 黒姫山古墳の墳丘復原図
第５次調査で作成された墳丘図に、第1･2次調査の図面を重ねて作成。周庭帯は第3･4次調査成果を反映させている。隣接するどん山古墳は地割り・地籍による推定。

周辺の古墳・陪冢

『河内黒姫山古墳の研究』には黒姫山古墳周辺に六基の古墳が記録され、陪冢《ばいちょう》と考えられてきた（図8）。このうち、さば山古墳（図9）は一九八六年度の発掘調査で墳丘長三四メートルの帆立貝式前方後円墳と確認され、埴輪から古墳時代中期後葉、五世紀後葉に位置づけられる。

ほかでは、どん山古墳は鉄刀が数十本出土したという。鉄刀大量埋納古墳であるなら、黒姫山古墳との近い関係を有する中期古墳の可能性がある。鎮守山《ちんじゅやま》古墳からは小型の釣鐘が二個出土したといい、馬鐸《ばたく》の可能性も推定されている。けんけん山古墳では竪穴式石室と推定される埋葬施設があったという。調査当時はどん山古墳の一部と申山《さるやま》古墳の一部が残っていたというが、その後すべて破壊され、現状で考古学的に評

図8 ● 黒姫山古墳と周辺の古墳
周辺の古墳は微高地上にあり、さば山古墳だけが発掘調査されている。黒姫山古墳と申山古墳・けんけん山古墳とのあいだには小さな谷をはさんでいる。陪冢の可能性があるのは、どん山古墳のみであろう。写真は1954年撮影（末永雅雄1980『古墳の航空写真集』）。

価できる古墳はない。

　これらの古墳はいずれも黒姫山古墳と関係があるとしても、計画的に配置された主墳と陪冢の関係といえるのはどん山古墳のみであろう。けんけん山古墳と申山古墳は黒姫山古墳とのあいだに小さな谷を隔てるなど、周辺の古墳は黒姫山古墳以後、築造された系譜的に連なる首長墓群とみておくのが妥当である。

　また周辺では、太井《たい》遺跡で古墳時代後期の方墳四基・埴輪棺三基、真福寺《しんぷくじ》遺跡で古墳中期末の方墳二基が調査されている。約一・二キロ北東にある郡戸《こおず》遺跡でも方墳七基が調査されており、低墳丘の小古墳およびそれを築造した集団がほかにも存在していたと考えられる。

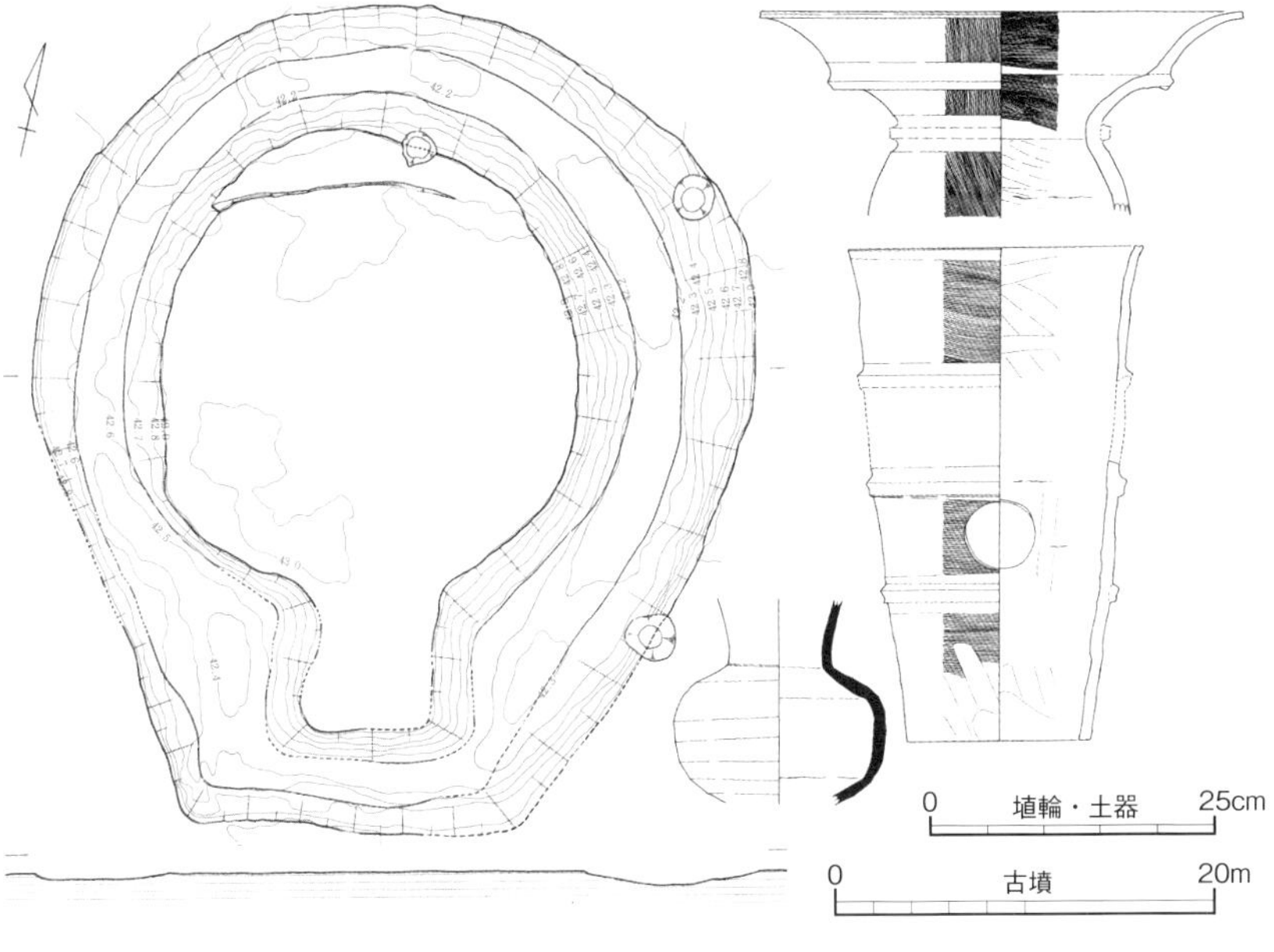

図９● さば山古墳

1949年にわずかに残っていた墳丘が削平されたが、1984年、高速道路にともなう発掘調査で検出し、墳丘長34ｍの帆立貝式前方後円墳であることが確認された。埴輪から黒姫山古墳に後続する５世紀後葉に位置づけられる。

埋葬施設の記録

後円部墳頂の埋葬施設があった場所には、過去の大乱掘で大きな穴が開いている。この穴の周辺では、滑石製紡錘車《かっせきせいぼうすいしゃ》一点、衝角付冑《しょうかくつきかぶと》片二点、須恵器《すえき》杯数片が出土し、乱掘坑中には埋葬施設に用いた白礫が散乱していたとのことである。また、第一次調査ではかなりの須恵器が出土したが搬送途中に紛失してしまったという。

埋葬施設は、明治三〇年代までに乱掘されていて石材が散乱していたこと、その後にも石材の抜きとりがおこなわれたことを森浩一氏が聞きとっている。また、石棺がとり出されて古墳東側にある下黒山《しもくろやま》集落の薬師堂前の左右におかれて天水桶《てんすいおけ》として使用されていたこと、やわらかいセメント状のものであったこと、昭和初年に売られてしまいその後の行方がわからないこと、石材のうちの一枚は古墳の北側にある大保《だいほ》集落の橋として利用されていることもあわせて『河内黒姫山古墳の研究』に記されている。この石材は現在、大保集落の広国神社境内に移され保管されている（図10）。

このことに関しては、一八五七年（安政四）、国学者の伴林光平《ともばやしみつひら》が記した『巡陵記事』に「黒山村荒陵」との記事があり、以下のような話が載っている。いつのころか里人一七人が古墳を暴き、その全員が死んだ。そのうちの一人が石棺から煙のような白気が飛散するなかに霊威ある神像をみた。その死者たちの子孫は、罪滅ぼしに神像をつくって拝む天皇講をつづけている。また、古墳からは朱入りの壺が出たが、四天王寺の補修時に売却したというのである。

これによれば石棺は安政年間以前に暴かれていたことが確認できる。また、上田宏範氏は朱入り壺を売却する契機となった四天王寺の修理は一七三四年（享保一九）ではないかと推定している。となれば、埋葬施設が暴かれたのは江戸中期以前にさかのぼる可能性がある。

もう一つ、一八五五年（安政二）に大坂東町奉行所から陵墓調査を委嘱された懐徳堂最後の教授、儒学者の並河寒泉《なみかわかんせん》による『仁賢天皇御陵申上覚』という記録がある。これには、並河が仁賢陵とされていた黒姫山古墳を訪れ、庄屋理右衛門の案内で古墳に立ち入り、墳頂にすでに大穴が開いていたこと、その穴から掘りだされた石棺が、下黒山の薬師堂前におかれ、高さ一メートル強、厚さ二〇センチ前後、「四角なる石」を「真二つに切りたる如き姿」であることを記している。これによっても石棺は安政二年にはすでにとり出されていたことがわかる。

なお、伴林光平は『巡陵記事』に先だって一八四一年（天保一二）に現地での聞きとりも

図10●黒姫山古墳から運ばれた石材
後円部石室の天井石と考えられる。長さ207cm。かつては古墳北側、大保集落内の水路の橋として利用されていたが、現在は近在する広国神社境内に移設されている。十河良和氏らによって、兵庫県竜山石製と確認されている。

おこなって『河内国陵墓図』を記しているが、ここには黒姫山古墳の埋葬施設に関する記述はない（図6参照）。並河の記述からみても通常は内部に立ち入れなかったようである。

どのような石棺か

石棺についてみておこう。記録からみると、主体部は大きな石材を彫りくぼめて加工した刳《くり》抜式石棺《ぬきしきせっかん》である。おそらく凝灰岩《ぎょうかいがん》製であろう。

周辺地域の中期古墳で刳抜式石棺の類例は少なく、古市古墳群内の長持山《ながもちやま》古墳の二つの石棺、唐櫃山《からとやま》古墳の石棺があり（図11）、峯ヶ塚《みねがづか》古墳でも破片が出土している。これらはいずれも阿蘇山の火砕流堆積物である溶結《ようけつ》凝灰岩でつくられた舟形石棺で、その型式からみると熊本県北

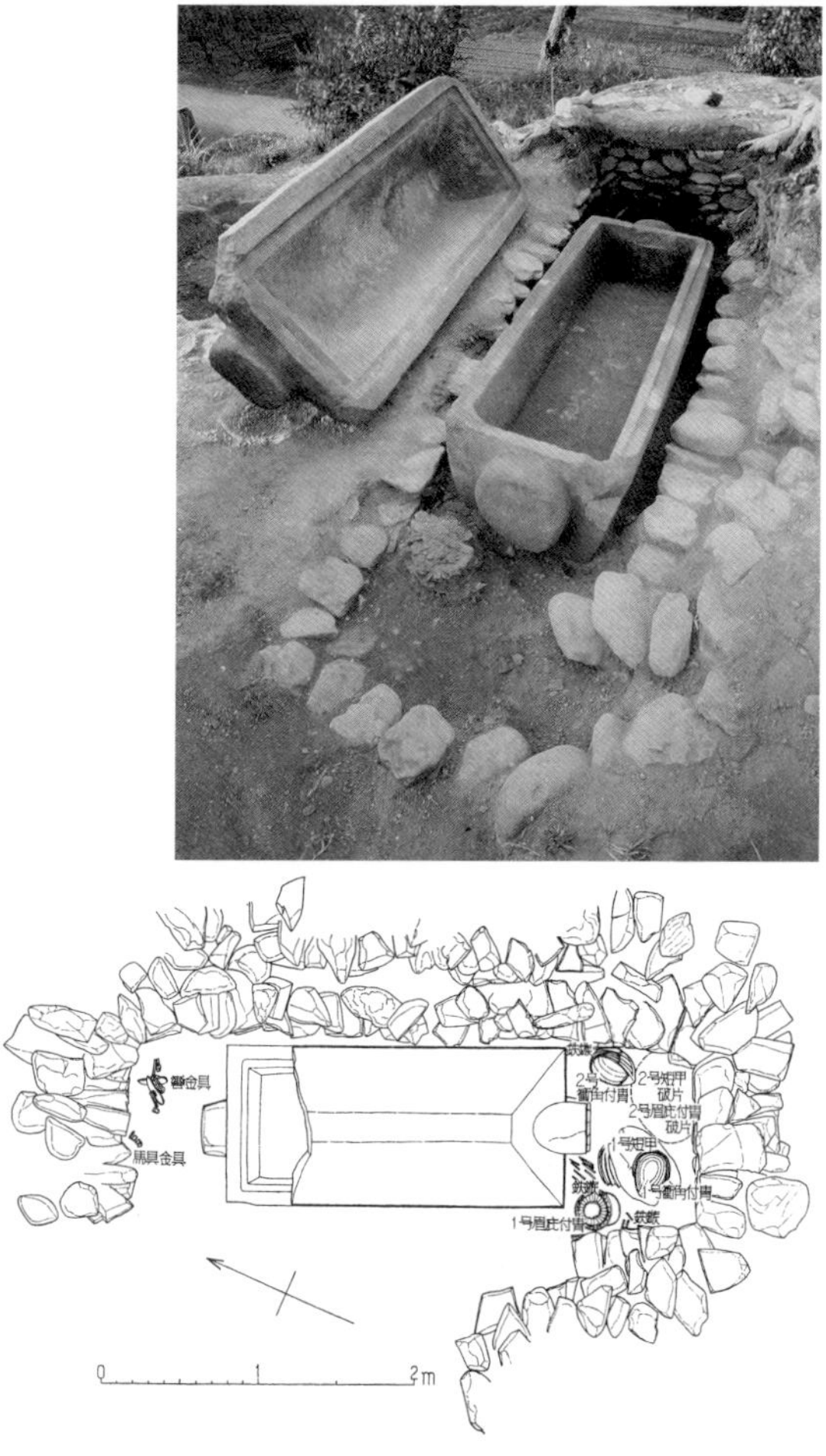

図11 ● 推定される石室・石棺の類例
上：長持山古墳、下：唐櫃山古墳。いずれも古市古墳群内。石棺は熊本産、瀬戸内海を経由して主に船で運ばれたと考えられる。

部の菊池川中・下流域や中部の宇土《うと》半島から運ばれたものである。黒姫山古墳の石棺もこれらの地域が有力な産地候補となる。

別の見解もある。十河良和《そごうよしかず》氏は兵庫県播磨地域の凝灰岩、竜山石《たつやまいし》でつくられた石棺を考えている。竜山石製の巨石を組み合わせる長持形石棺は、古市・百舌鳥古墳群の大王墓に採用されたまさに王者の棺である。その同じ石材でつくられた刳抜式石棺を推定するのである。ただ、竜山石製石棺は組合式が基本で、刳抜式石棺は一例の存在が指摘されているにすぎず、この型式は安定して存在していないし、古市・百舌鳥古墳群で類例が確認されていない。否定まではできないが、筆者はそれよりは古墳時代中期の大王墓周辺の主要古墳での採用が確認されている熊本の阿蘇溶結凝灰岩製石棺が有力だと考えている。

埋葬施設の構造

広国神社に残された石材（図10）は石室の天井石とみてよい。すなわち、長持山古墳や唐櫃山古墳と同様の石棺をおおう竪穴式石室が埋葬施設の候補となる。黒姫山古墳の築造時期は両古墳よりも年代的にはさかのぼり、同時期の類例のないことが、十河氏が熊本産石棺であることを否定的にとらえる理由とされるが、どうであろうか。

黒姫山古墳の築造される五世紀前葉から半ばごろには、古市古墳群の藤の森古墳には百済系横穴式石室、百舌鳥古墳群に近い堺市浜寺の塔塚《とうづか》古墳には筑肥型という九州系の横穴式石室があらわれる。また百舌鳥古墳群の城ノ山《じょうのやま》古墳の石室は朝鮮半島の石室の影響を受けた渡来系竪穴式石室の可能性がある。この時期は埋葬施設に多系譜の広域交流がみられ、近畿のなかにも各地の要素が採り入れられるのである。また、これらをさかのぼる時期の百舌鳥乳岡《ちのおか》古墳、堺市南区二本木山古墳の石棺は佐賀県唐津市付近の松浦砂岩製である可能性が指摘されている。

筆者は状況証拠的にむしろ黒姫山古墳の刳抜式石棺は熊本産阿蘇溶結凝灰岩製であったとみるほうが相応しいと思う。このことは九州産石棺の代表的研究者である高木恭二氏がすでに推定していたことでもある。この石棺に葬られた黒姫山古墳の被葬者は九州と近畿のあいだをつなぎ大勢の人びとを動員して巨大な石棺を船団で運ぶような、広域の首長間ネットワークにおいて影響力をおよぼすなどの政治権力を有した存在とみなされるだろう。

2 前方部石室と武装具埋納

前方部石室

前方部石室はこの古墳の性格をもっとも際立たせている（図12・13）。前方部の墳頂に墳丘主軸に併行して構築されている。壁体は楕円形の河原石を積み上げ、天井石は大型の砂岩八枚である。内法全長は四・〇三メートル、西端幅八三センチ、東端幅七五センチ、高さ一・三メートルという規模である。

床面は小石敷きで、その上に甲冑を中心に石室を充満するように遺物がならべられていた。木櫃などの容器はなく、赤色顔料などがみられず人体を埋葬した形跡はない。武器・武具をギ

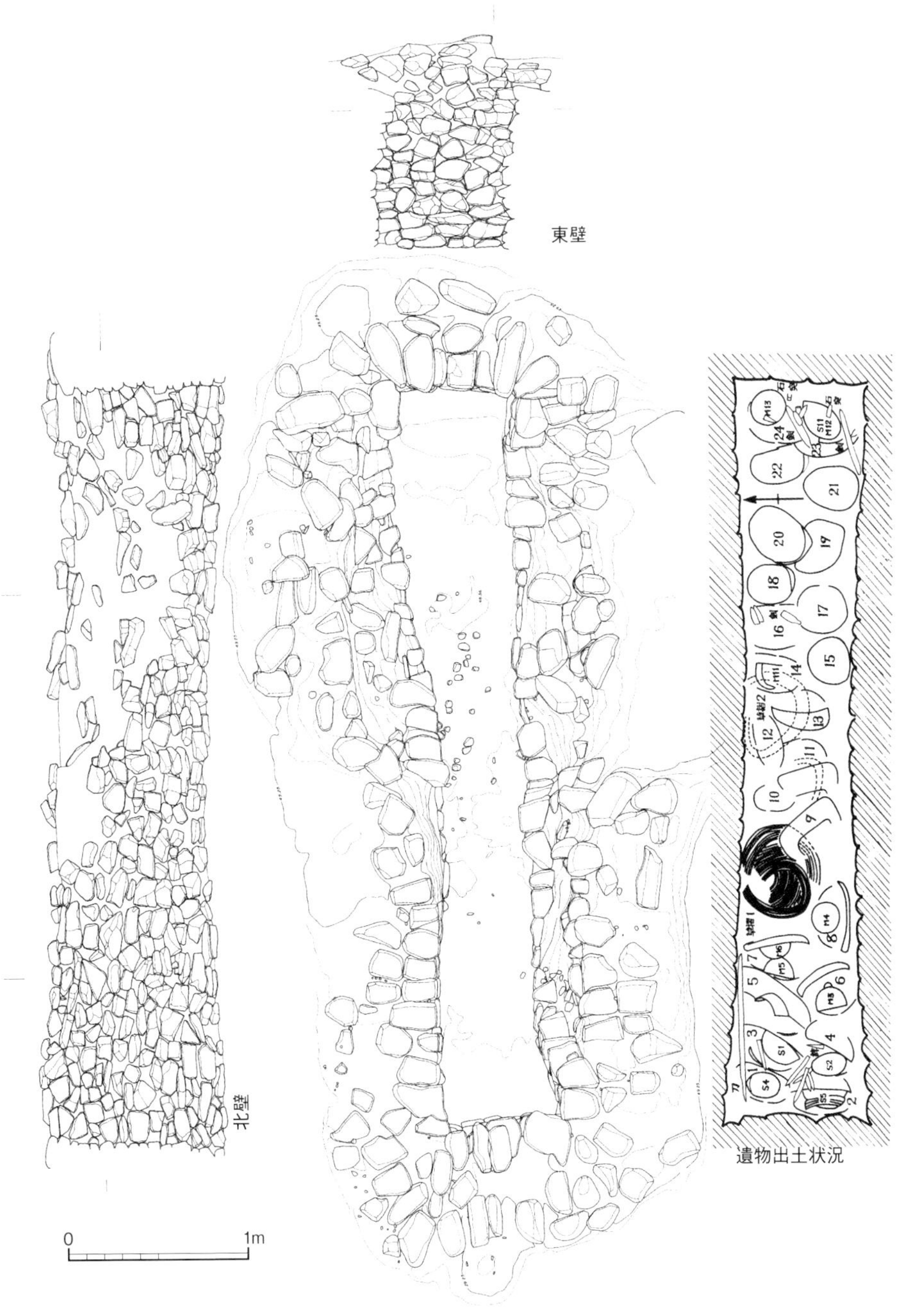

図12 ● 前方部石室実測図

石室の実測図は第5次調査作成。遺物出土状況図は『河内黒姫山古墳の研究』を引用。武装具の埋納施設で、人体の埋葬はない。甲冑は東西小口側にむかって2列でならんでいた。中央付近の天井石が落ちて、石室・甲冑が発見されるに至ったため、この部分の遺物は第1次調査時すでに大きく壊れていた。

図13 ● 前方部石室

第5次調査時の写真。前方部墳頂の中央に構築されている。近在に系譜のたどれる石室がなく、壁体の裏込めも少ない構築方法からは、朝鮮半島の加耶地域の影響を受けた渡来系竪穴式石室の可能性が考えられる。

ッシリと詰め込んだまさに武装具埋納施設である。

少し注意が必要なのは、この施設が石室ということである。古市・百舌鳥古墳群では、四世紀後葉〜五世紀中葉まで、大王墓クラスで長持形石棺を収める竪穴式石室があるものの、中型古墳以下では木棺を粘土でおおう粘土槨か直接土に埋める木棺直葬を採用する。また、両古墳群の七観《しちかん》古墳、野中《のなか》古墳、アリ山古墳、西墓山古墳でみつかっている大量の武器・武具の埋納施設はいずれも木棺、木櫃を直接土に埋めるものである。五世紀中葉以降、先にみた横穴式石室や渡来系竪穴式石室が登場するが、これらは外的影響で成立した施設である。

では、黒姫山古墳の石室はどこから来たものか。石室壁体の控え積みが少なく、石を密にかみ合わせていないといった特徴は、加耶地域などの影響を受けた西日本に点在する渡来系竪穴式石室との関連が想定できるのではなかろうか。この石室が朝鮮半島の石室の系譜と関連することは早くに野上丈助氏の指摘がある。ここにも広域ネットワークとの関わりがうかがえる。

武器・武具の配列

つぎに、石室から出土した武器・武具の内訳および配列をみていこう（図14）。調査時に数えられた遺物は、短甲《たんこう》二四領、眉庇付冑《まびさしつきかぶと》一三点、衝角付冑《しょうかくつきかぶと》一一点、頸甲《あかべよろい》一一点、肩甲《かたよろい》一二点、草摺《くさずり》四点、刀一四点、剣一〇点、鏃《やじり》五六点、鉾《ほこ》九点、石突《いしづき》七点、刀子《とうす》五点である。

短甲は石室内に二列で、石室内西側三分の一は西側を正面としてならび、東側三分の一は東側を正面としてならんでいた。中央部は遺存状態が悪く、規則性は確認できなかった。短甲内には頸甲を逆さに入れ、その上に冑を逆さに載せたものが多い。短甲内に冑一点を入れるものが一二例、二点が五例、三点が一例、冑を入れないものが四例、破損による不明が二例である。衝角付冑と頸甲・肩甲は共伴するが、眉庇付冑とは共伴例の少なさが注意されている。

石室西小口部では、短甲上で鋒《きっさき》を外側にむけた鉾が九点出土した。東小口部では石突（鉾の基部）が壁に先端の突き刺さったもの五点、短甲内に落下したもの二点出土した（図15）。西

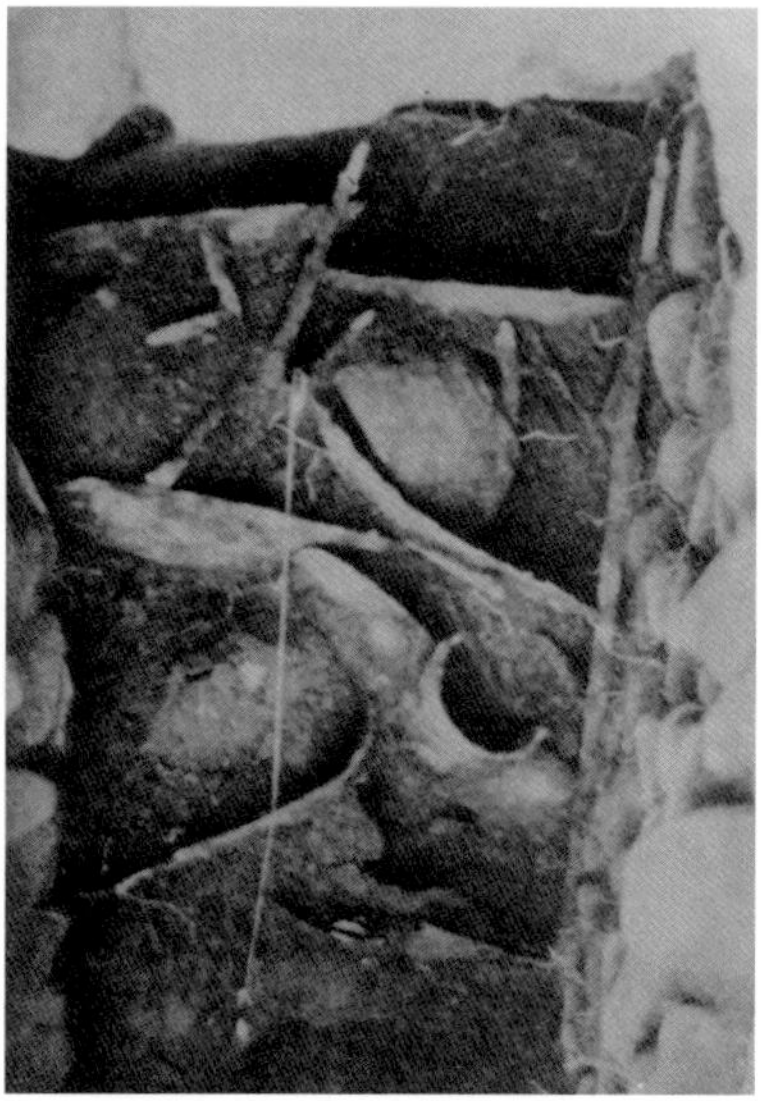

図14 ● 甲冑出土状況
『河内黒姫山古墳の研究』より。短甲を2列にならべ、原則として頸甲・冑を各1点ずつその内部に入れる。なかには冑を2点、3点入れたものもある。また眉庇付冑と頸甲・肩甲がセットとなることが少なく、衝角付冑がより優位なセットとなることなどが調査時に注意されている。武器類は甲冑の上に置かれており、石室内は武器・武具で満たされていた。

端の鉾身と東端の石突は基本的に対応し、両者の距離から鉾は三・七〜三・九八メートルに復元されている。

大刀は西端部に一点、剣は東端部に七点と中央部東よりに三点以上、中央部で一三点あった。すべて鋒を東側、すなわち後円部側にむけて短甲の上に置かれていた。

出土品の現状

出土遺物は現在、古墳に近接する堺市立みはら歴史博物館に収蔵されているが、残念ながら報告書作成後から一九八〇年に旧美原町に移管されるまでの間に管理上の混乱もあり、すべてを現状で確認することはできない。甲冑以外の武器類は甲冑片に混じっていた鉄鏃が数点確認できるだけであるし、甲冑も状態

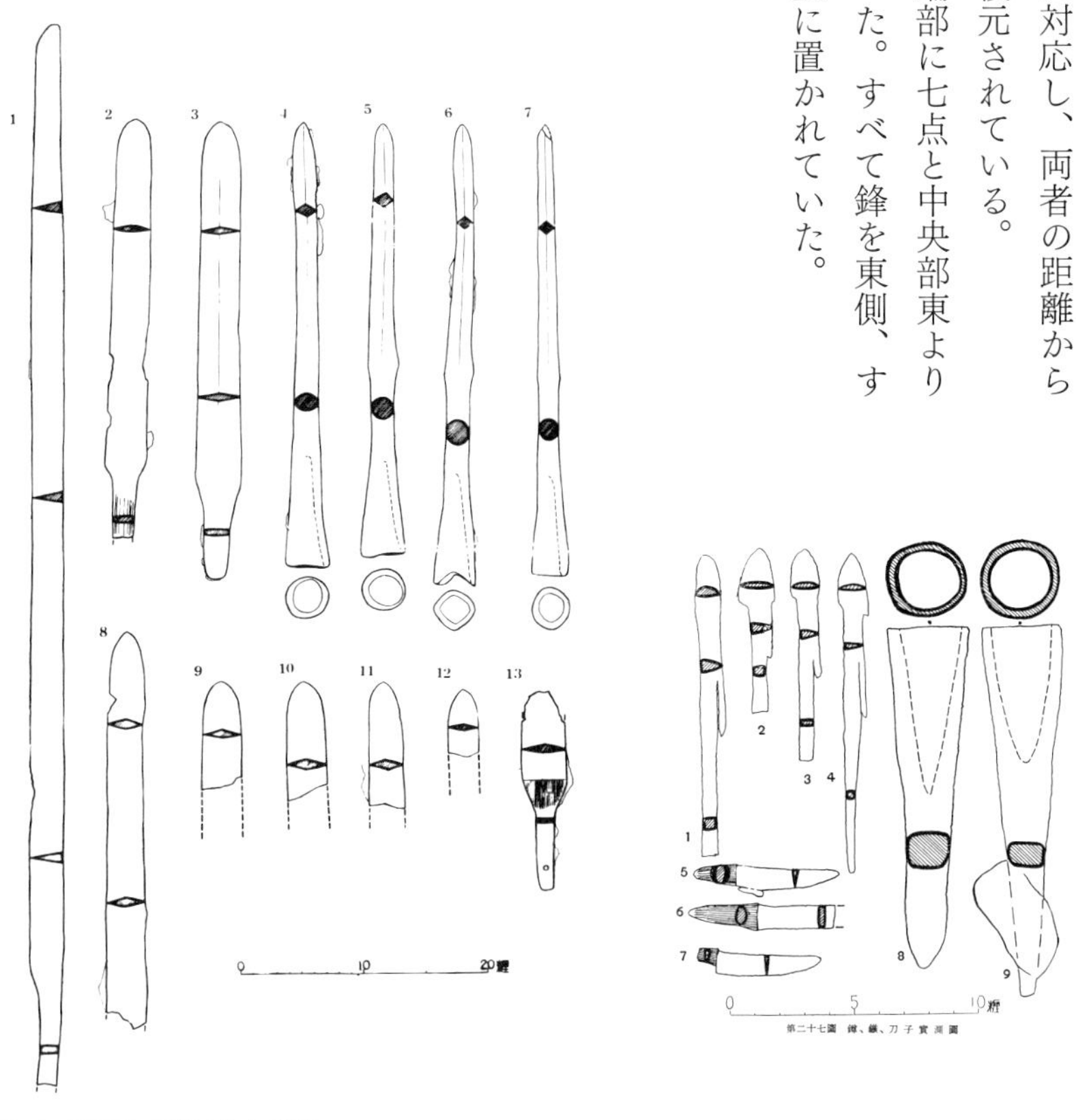

図15 ● 石室から出土した武器
左：大刀・剣・鉾、右：鏃・刀子・石突（鉾の基部）。大刀は片刃、剣は両刃の武器である。武器は現在、実物を確認できない。

のよいものだけでなく、破片のみの個体や帰属不確定の破片も多数あり、二四領が明確に識別できているわけではない。

そもそも甲冑の数は調査時に現地で数えられたものであるが、それ以前に天井石の落下や村人が入ったりして細片化していたために、報告時すでに短甲・冑ともに実態が把握されていなかった資料もある。報告書や森氏の『僕は考古学に鍛えられた』によると、とくに短甲以外の付属具の数は不確定らしいことには注意も必要である。とはいえ、他の追随を許さない武器・武具出土古墳であることはいささかもゆるがない。

第3章　最多の古墳出土甲冑

1　「甲冑の世紀」、その重要性

黒姫山古墳から出土した甲冑は薄い鉄板を横方向に重ねて組み上げた帯金式甲冑《おびがねしきかっちゅう》というものである。この種の甲冑は四世紀後半から五世紀末まで存続する（図16）。その出現と消滅が古市・百舌鳥古墳群の盛衰とともにあり、古墳時代中期という時代を画する象徴的な遺物である。その製作にはつねに同時代の最新技術が導入されたため短期間でスムーズに型式変遷したことが知られており、その新古は時期区分を考える編年資料としても有効である。

また、帯金式甲冑は全国各地の有力古墳で中心的な副葬品として採用され、九州南部から南東北までの広域に五八〇例以上も出土している（図17）。同時にそれらは人体にあわせて鉄板を立体的に組み合わせた複雑な構造・高度な技術を要する製品でありながら地方様式がみられない。それは地域ごとの生産体制ではなかったということである。そのうえ、その分布の中心

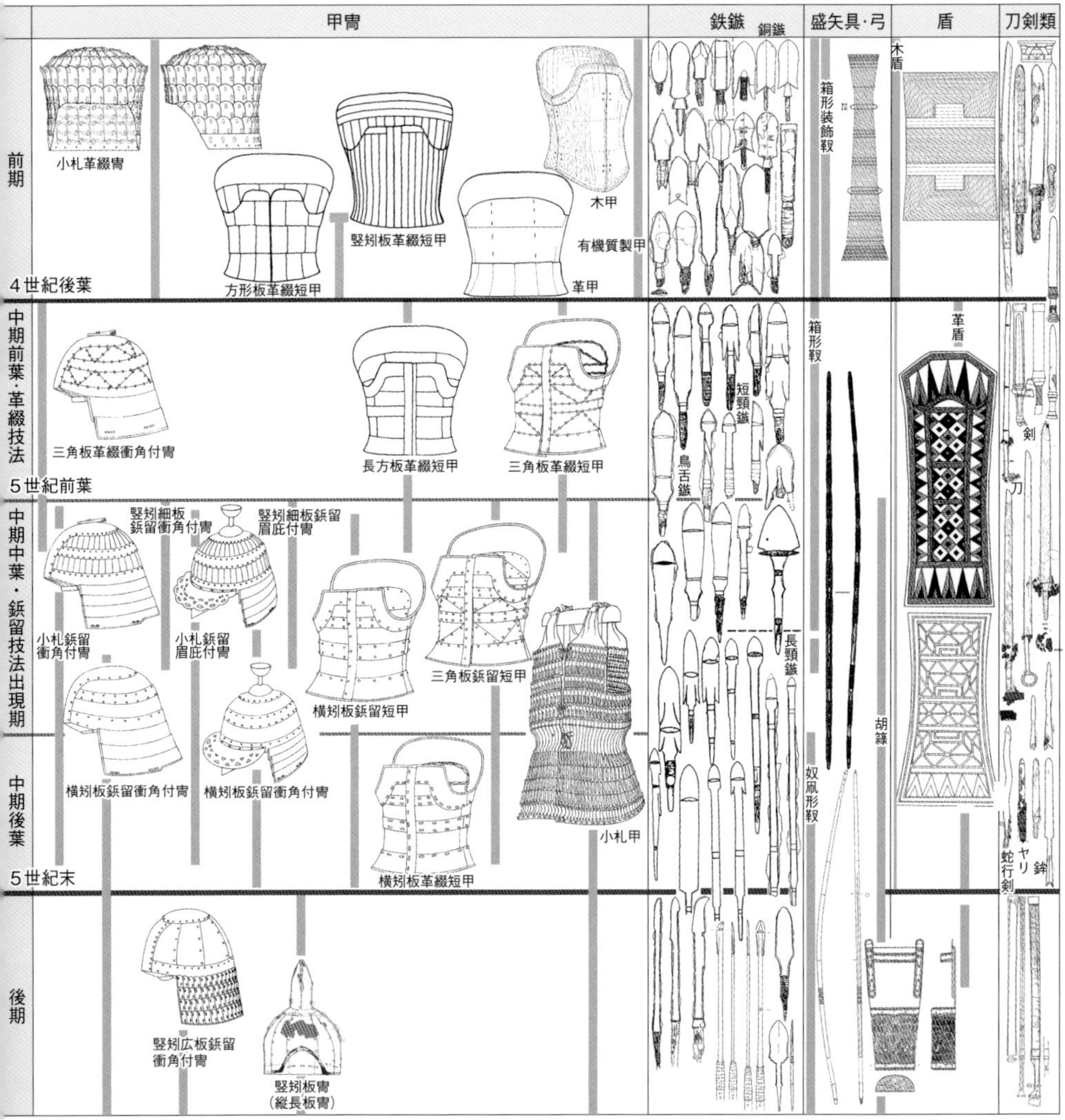

図16 ● 古墳時代の武装具の変遷

古墳時代中期前葉に出現する長方板革綴短甲・三角板革綴短甲・三角板革綴衝角付冑以降、中期後葉の横矧板鋲留短甲までの鉄板造りの甲冑を帯金式甲冑とよぶ。この古墳時代中期は甲冑とともに弓矢・刀剣・盾などの武器・武具も著しく発達し、数多く、多様なものがつくられる。黒姫山古墳の武装具は中期中葉から後葉に相当する。

はあきらかに古市・百舌鳥古墳群とその周辺にある（図18）。

　これらを総合すると、甲冑は古市・百舌鳥古墳群を築いた大王を中心とする政権中枢のもとで生産され、政治的に配付された器物とみなされる。各地の古墳出土の甲冑は、その被葬者と中央政権とのあいだに授受を通じた政治的関係が存在したことをあらわしており、甲冑は武具であるから、とくに大王を中心とする軍事に関わる同盟の証であろう。まさに古墳時代中期を象徴するものであり、五世紀代は「甲冑の世紀」ともよばれている。

　また、古墳時代中期の甲冑は、短甲一点の保有を基本として、それに冑や頸甲・肩甲をセットとして加えるもの、甲冑を二領以上保有するもの、というように数量とセット関係によるおおよそのランク分けがあり、保有者の地位や権力があらわされていると考えられ

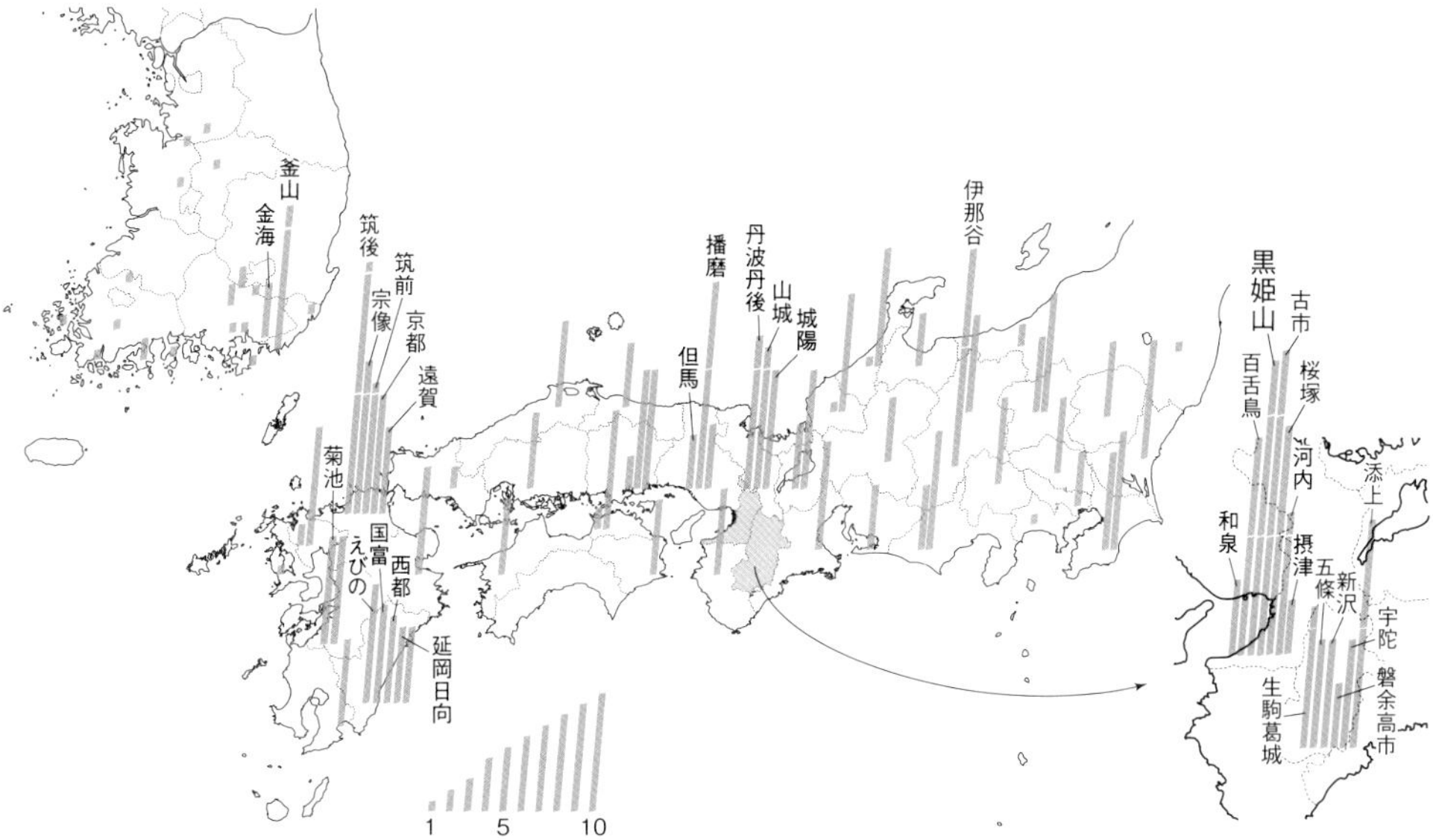

図17 ● 古墳時代中期の甲冑分布
甲冑は全国的に出土するとともに、古市・百舌鳥古墳群およびその周辺に分布の中心がある。これらには地方様式がなく、近畿中央政権のもとで生産、配付された政治的同盟関係をあらわすものと考えられる。一部は朝鮮半島にも広域交流でもたらされている。

る。なかでも、甲を五領以上出土した古墳は全国でも一〇例しかなく、近畿以外では各地域の最上位の首長墳である（表2）。

黒姫山古墳はすぐれたセット関係をそろえた最多の甲冑出土古墳であることからすれば、その被葬者は政権中枢にあって、甲冑の生産から配付に関与し、中央政権と各首長層との軍事を中心とする政治関係の構築に重要な役割を果たしていた人物であると考えられる。

なお、古墳時代中期中葉以降、考古学でモノ資料の年代は、全国的に分布し、また変遷をくわしく追うことができる須恵器の型式を媒介としてほかの器物の併行関係をあらわす方法を用いる。少しと

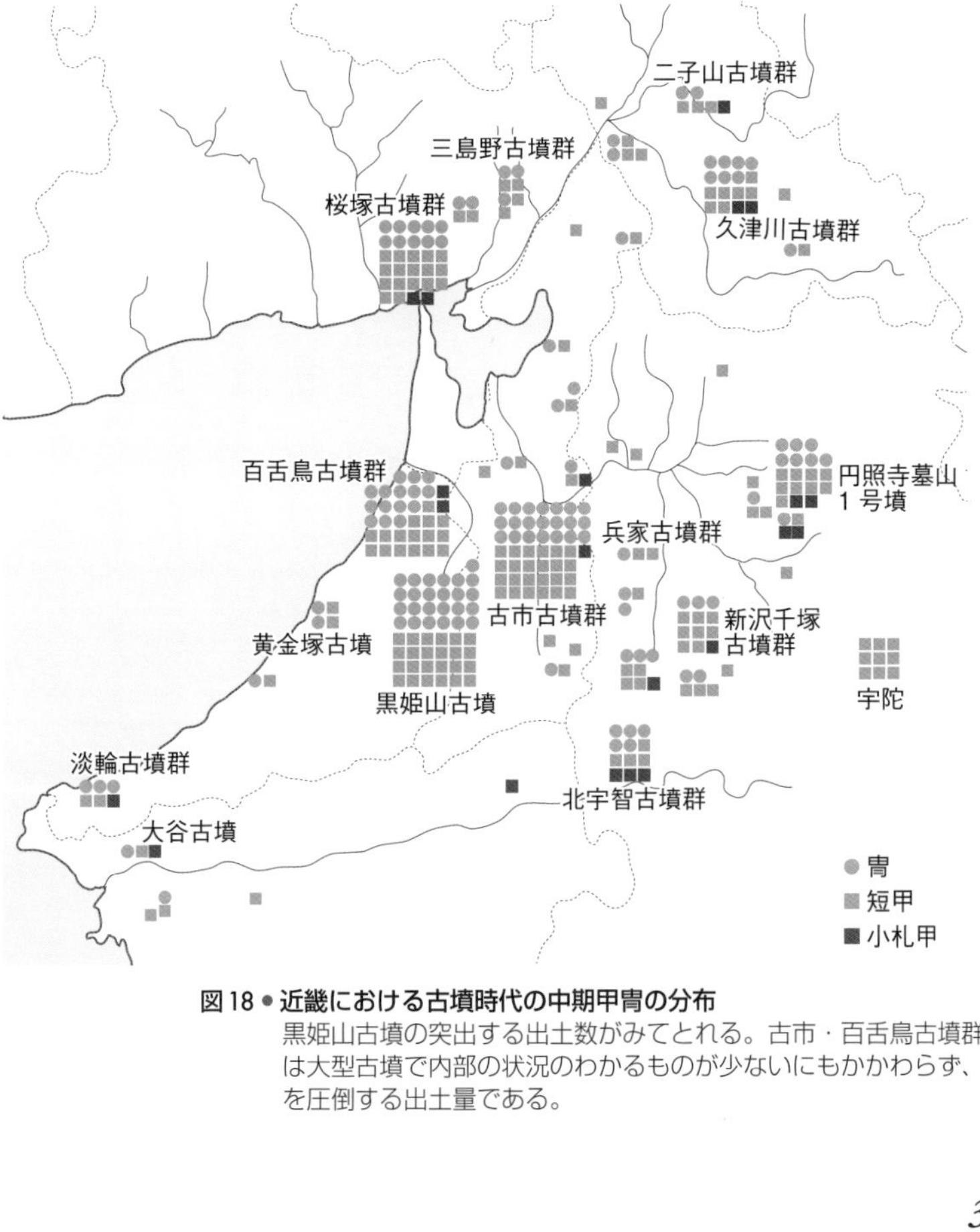

図18 ● 近畿における古墳時代の中期甲冑の分布
黒姫山古墳の突出する出土数がみてとれる。古市・百舌鳥古墳群では大型古墳で内部の状況のわかるものが少ないにもかかわらず、他を圧倒する出土量である。

つつきにくいかもしれないが、以下ではこの方法による説明もおこなうので、時期区分は**図19**をみながら読み進めていただきたい。

TK○○型式というのは堺市南部にある陶邑《すえむら》窯跡群の須恵器の窯番号から名づけられた型式名であり、考古学上の時間指標となっている。

古市・百舌鳥古墳群では四世紀後葉に大型古墳の築造がはじまり、百舌鳥古墳群では五世紀後葉、古市古墳群では六世紀前葉まで継続する。とくに大型古墳は五世紀前葉から中葉にかけて多くつくられる。

2　短甲の型式

古墳時代のヨロイと黒姫山古墳の短甲

古墳時代には鉄板造りの短甲とよぶヨロイ（筆者は板甲とよぶほうがよいと思うが）と小札甲《こざねよろい》とよぶ数百枚もの小さな鉄札を組み合わせて造るヨロイの二種類がある（**図20**）。短甲は古墳時代前期の四世紀前葉に

表2●大量の甲冑が出土した古墳

古墳名	甲	冑	頸/肩甲	特殊甲冑
黒姫山前方部	24	24	11/12	襟付短甲・三尾鉄5・鉄草摺4
野中	11	11	7/8	襟付短甲3・革製冑＋金銅装三尾鉄3
円照寺墓山1号	11	7	3/3	襟付短甲4・変形板眉庇付冑・初期小札甲 縦長板冑・襟甲
月岡	9	8	8?	金銅装眉庇付冑3・鉄草摺・初期小札甲・金銅装板籠手
七観	7+	8	4/3+	変形板短甲＋帯金具・革製冑＋鉄製有文三尾鉄
久津川車塚	6	5	3/4+	初期小札甲
百舌鳥大塚山 1〜3号施設	6	3	2/2	襟付短甲・鉄草摺・青銅製有文三尾鉄
雲部車塚	5	4	1/?	三角板鋲留異形衝角付冑・（異形）革綴衝角付冑・ 不明武具2
五條猫塚	4+	3	1/1	金銅装眉庇付冑3・金銅装頸甲・初期小札甲＋帯金具
北天平塚第2主体	5	2	1/?	金銅装眉庇付冑1

古墳名の色つきは古市・百舌鳥古墳群および周辺

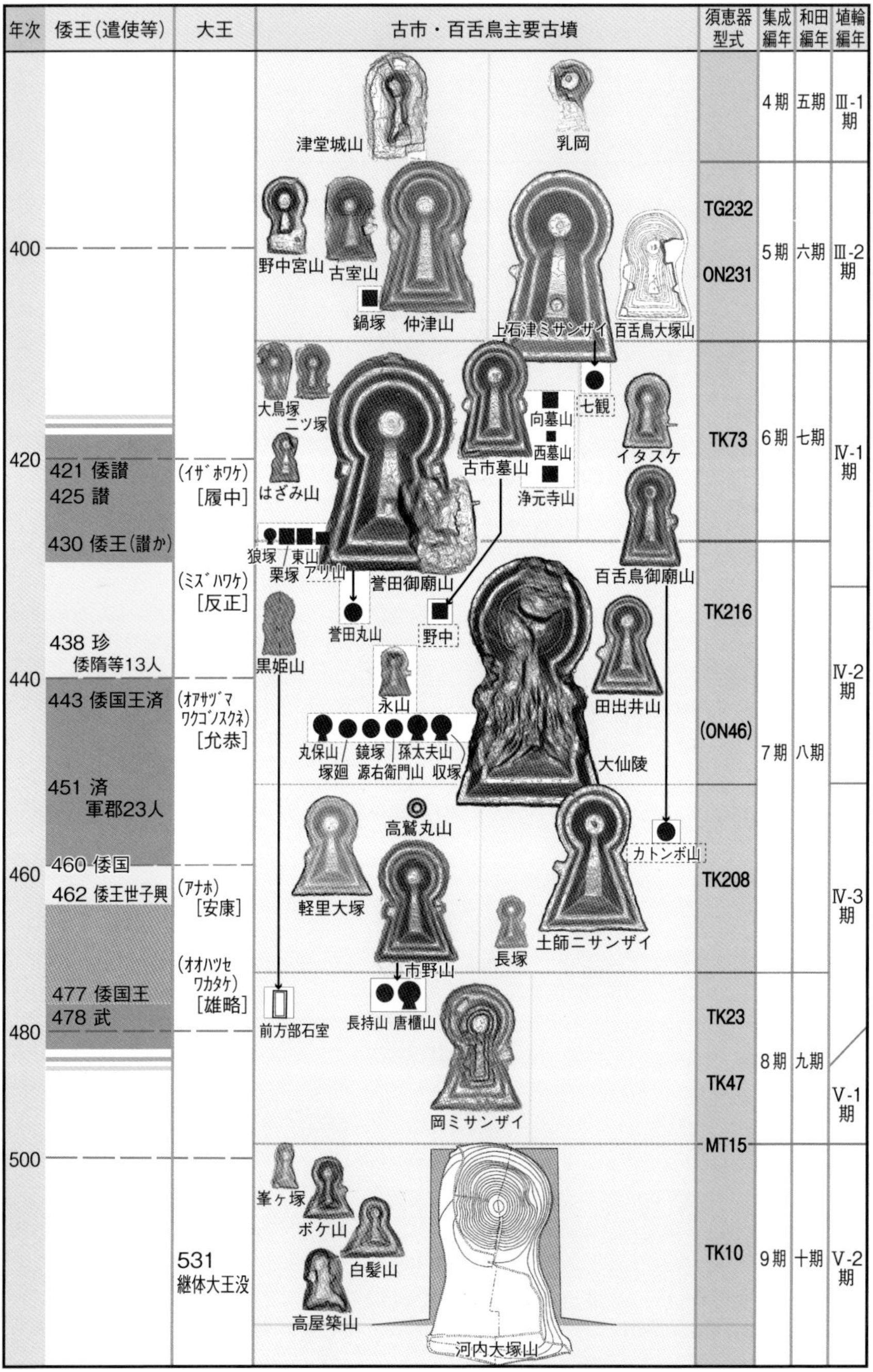

年次
倭王（遣使等）
大王
古市・百舌鳥主要古墳
須恵器型式
集成編年
和田編年
埴輪編年
400
420
440
460
480
500
421 倭讃
425 讃
430 倭王（讃か）
438 珍
倭隋等13人
443 倭国王済
451 済
軍郡23人
460 倭国
462 倭王世子興
477 倭国王
478 武
（イザﾞホワケ）
［履中］
（ミズﾞハワケ）
［反正］
（オアサヅﾞマワクゴﾞノスクネ）
［允恭］
（アナホ）
［安康］
（オオハツセワカタケ）
［雄略］
531
継体大王没
津堂城山
乳岡
野中宮山
古室山
鍋塚
仲津山
上石津ミサンザイ
百舌鳥大塚山
七観
大鳥塚
ニツ塚
向墓山
西墓山
浄元寺山
イタスケ
はざみ山
古市墓山
狼塚
東山
栗塚
アリ山
誉田御廟山
百舌鳥御廟山
誉田丸山
野中
黒姫山
永山
田出井山
丸保山
塚廻
鏡塚
源右衛門山
孫太夫山
収塚
大仙陵
高鷲丸山
カトンボ山
軽里大塚
土師ニサンザイ
長塚
市野山
前方部石室
長持山
唐櫃山
岡ミサンザイ
峯ヶ塚
ボケ山
白髪山
高屋築山
河内大塚山
TG232
ON231
TK73
TK216
(ON46)
TK208
TK23
TK47
MT15
TK10
4期
5期
6期
7期
8期
9期
五期
六期
七期
八期
九期
十期
Ⅲ-1期
Ⅲ-2期
Ⅳ-1期
Ⅳ-2期
Ⅳ-3期
Ⅴ-1期
Ⅴ-2期

は出現し、中期末の五世紀末まで存続する（図16参照）。小札甲は古墳時代中期中葉、五世紀前葉に朝鮮半島から伝わり、奈良時代までその系譜がたどれるものである。黒姫山古墳は小札甲が出現している時期の古墳だが、ここでは短甲のみが選択されていた。

短甲の製作技法には大きく分けて、鉄板を革紐で綴じ合わせる革綴《かわとじ》式と鉄鋲で留める鋲留《びょうどめ》式がある（図21）。革綴式が先にあらわれ、古墳時代前期から中期中葉までみられる。鋲留式は古墳時代中期中葉に朝鮮半島からもたらされた新たな技術である。黒姫山古墳から出土した甲冑はすべて鋲留式であった（図22・表3）。

短甲のフレームは横長鉄板を基本としているが、地板とよぶ鉄板には三角形のものと長方形のものがある。それと革綴・鋲留の組合せで短甲は大きく分類される。すなわち、三角形板を使用するものでは三角板革綴短甲と三角板鋲留短甲、長方形板では長方板《ちょうほういた》革綴短甲と横矧板《よこはぎいた》鋲留短甲と分類している。それぞれの型式は盛行する時期に差がある。

黒姫山古墳から出土した短甲は三角板鋲留短甲と横矧板鋲留短甲の二種である。それと一点だけ三角板鋲留短甲の一種で肩部を張り出し、後頸部に襟をつけた襟付短甲とよぶ特殊な短甲がある（図22・T5、図24）。大雑把にいうと、三角板鋲留短甲が五世紀前葉に出現して、五世紀中葉に盛行し、後葉まで存続する（図16参照）。横矧板鋲留短甲は五世紀中葉から後葉に盛行する。これによって黒姫山古墳の甲冑は五世紀中葉から後葉のものといえる。黒姫山古墳では埋納状態で両者に明確な区分は確認できないが、基本的には型式の違いは工人の系統の差であり、配付の契機や使用場面などにも差があった可能性がある。

図19 ● 古市・百舌鳥古墳群と古墳時代中期の編年▶
『宋書』に記載される倭の五王、古市・百舌鳥古墳群の大型古墳および陪冢の年代的位置の案。古墳の位置づけやその年代観には研究者によって多少の前後がある。
図中の「須恵器型式」は田辺昭三 1981『須恵器大成』角川書店、「集成編年」は広瀬和雄 1991「前方後円墳の畿内編年」『前方後円墳集成』山川出版、「和田編年」は和田晴吾 1987「古墳時代の時期区分をめぐって」『考古学研究』34-2、「埴輪編年」は埴輪検討会 2003「円筒埴輪共通編年（案）」『埴輪論叢』第4号による。

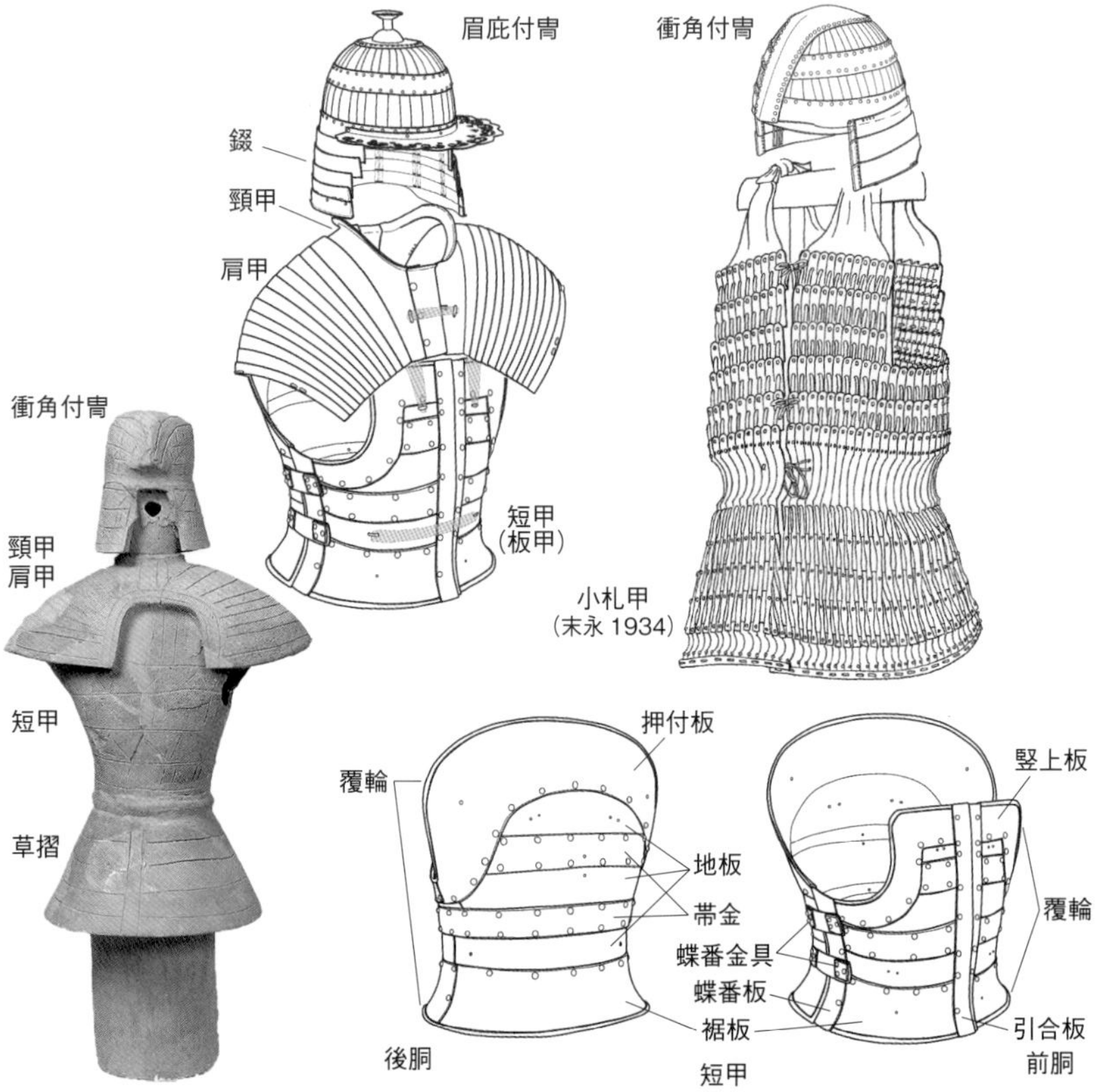

図20 ● 古墳時代中期の甲冑の模式図と甲冑形埴輪

板造りの甲冑は帯金式甲冑とよばれ、中期をつうじて存続するが後期にはつづかない。中期中葉に、札造りの小札系甲冑が朝鮮半島から伝わり、以後古墳時代後期以後に主流となる。帯金式甲冑のうち、胴部のヨロイは短甲1種、冑には衝角付冑と眉庇付冑の2種がある。胸をまもる頸甲と上腕部をまもる肩甲は一体の甲冑である。短甲をベースとして付属具セットの組合せの充実度が保有者の地位にも関わると考えられる。草摺は腰から大腿部をまもる武具で鉄製と革製が知られているが、鉄製品の保有はきわめて地位の高い人物のみに限られる。埴輪は藤井寺市蕃上山古墳出土。

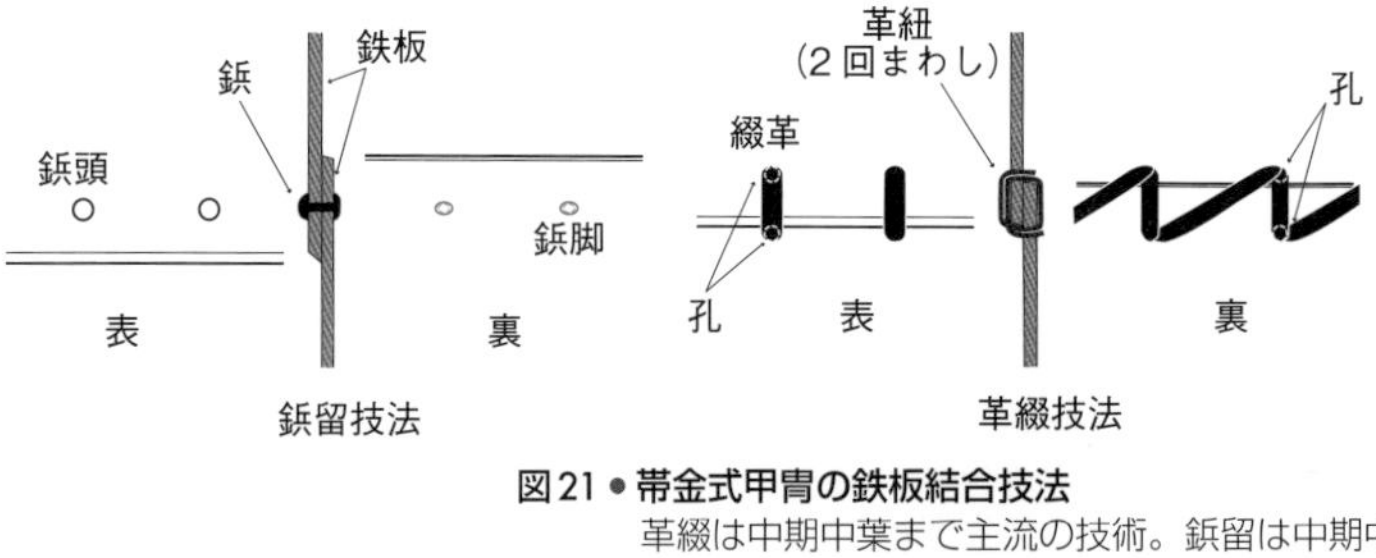

図21 ● 帯金式甲冑の鉄板結合技法

革綴は中期中葉まで主流の技術。鋲留は中期中葉に朝鮮半島からの渡来系技術として導入される。

表3●黒姫山古墳出土甲冑一覧

短甲

番号	型式	胴分割	覆輪	蝶番金具	後胴上段帯金		鋲径	残存率
					鋲数	幅		
T1	横矧板鋲留	右前胴開	革組	長方形2鋲	6	4.4	0.8-0.85	100
T2	三角板鋲留	胴一連	革組	無	8	4.0	0.7	100
T3	横矧板鋲留	右前胴開	革組	爪形３鋲	9	4.0	0.65	100
T4	三角板鋲留	両胴開	革組	長釣壺	9	4.6	0.7	100
T5	三角板鋲留・襟付	右前胴開	革組	長釣壺		4.15	0.5	100
T6	三角板鋲留	両胴開	革組	長釣壺	欠	欠	0.45-0.5	40
T7	三角板鋲留	分割胴一連	革組	無	6	4.5	0.7	100
T8	横矧板鋲留	（右前胴開）	革組	（長方形2鋲）	欠	欠	0.8	5
T9	三角板鋲留	胴一連	鉄包	無	欠	欠	0.85-0.95	5
T10	（横矧板）	欠	欠	欠	欠	欠		1
T11	横矧板鋲留	（胴開）	不明	（方形4鋲）	欠	欠	0.8	1
T12	横矧板鋲留	右前胴開	鉄折	長方形2鋲	欠	欠	0.8	20
T13	横矧板鋲留	（右前開胴）	革組	欠	欠	欠	0.9	5
T14	横矧板鋲留	（右前開胴）	鉄折（変）	（長方形2鋲）	欠	欠	0.85	2
T15	横矧板鋲留	不明	鉄包	欠	欠	4.85	0.8	5
T16	横矧板鋲留	不明	（鉄包）	欠	欠	欠	0.75/0.95	10
T17	三角板鋲留	分割胴一連	革組	無	欠	欠	0.8	15
T18	三角板鋲留	胴一連	革組	無	欠	欠	0.8	30
T19	横矧板鋲留	胴一連	革組	無	欠	欠	0.75	40
T20	三角板鋲留	胴一連	革組	無	欠	4.0	0.8	15
T21	横矧板鋲留	右前胴開	革組	長方形2鋲	欠	欠	0.85	40
T22	横矧板鋲留	欠	革組	欠	欠	欠	0.8	30
T23	横矧板鋲留	右前開	革組	長方形2鋲	7	4.5	0.75	50
T24	三角板鋲留	分割胴一連	革組	無	9	4.2	0.7-0.8	70

（単位はcm）

衝角付冑

番号	型式	衝角底板	三尾鉄	収蔵短甲	残存率
S1	横矧板鋲留	外接	○	T3	100
S2	不明			T4	0
S3	横矧板鋲留（腰巻板省略）	外接	○	T3	100
S4	横矧板鋲留	外接		T1	100
S5	横矧板鋲留	外接	○	T2	75
S6	不明			T13	0
S7	横矧板鋲留	上接		T17	80
S8	横矧板鋲留	外接	○	T19	100
S9	不明		○	T20	0
S10	横矧板鋲留			T21	0
S11	横矧板鋲留	内接	-	T23	90

眉庇付冑

番号	型式	収蔵短甲	残存率
M1	横矧板鋲留	T5	10
M2	方形板鋲留	T5	10
M3	横矧板鋲留	T6	30
M4	不明	T8	0
M5	小札鋲留	T7	80
M6	不明	T7	0
M7	小札鋲留	T7	10
M8	小札鋲留	T8	85
M9	小札鋲留	T4	100
M10	横矧板鋲留	T10	25
M11	方形板鋲留	T14	50
M12	不明	T23	0
M13	小札鋲留	T24	90

残存率はおおよその目安

図22 ● 黒姫山古墳の短甲
T5号は三角板鋲留襟付短甲、T2・T4・T7・T24号は三角板鋲留短甲、T1・T3号は横矧板鋲留短甲。襟付短甲がよく目立つ特別なヨロイであること、そのほかの短甲は細部に違いがあるものの、一見して共通性の高いユニフォームであることがわかる。

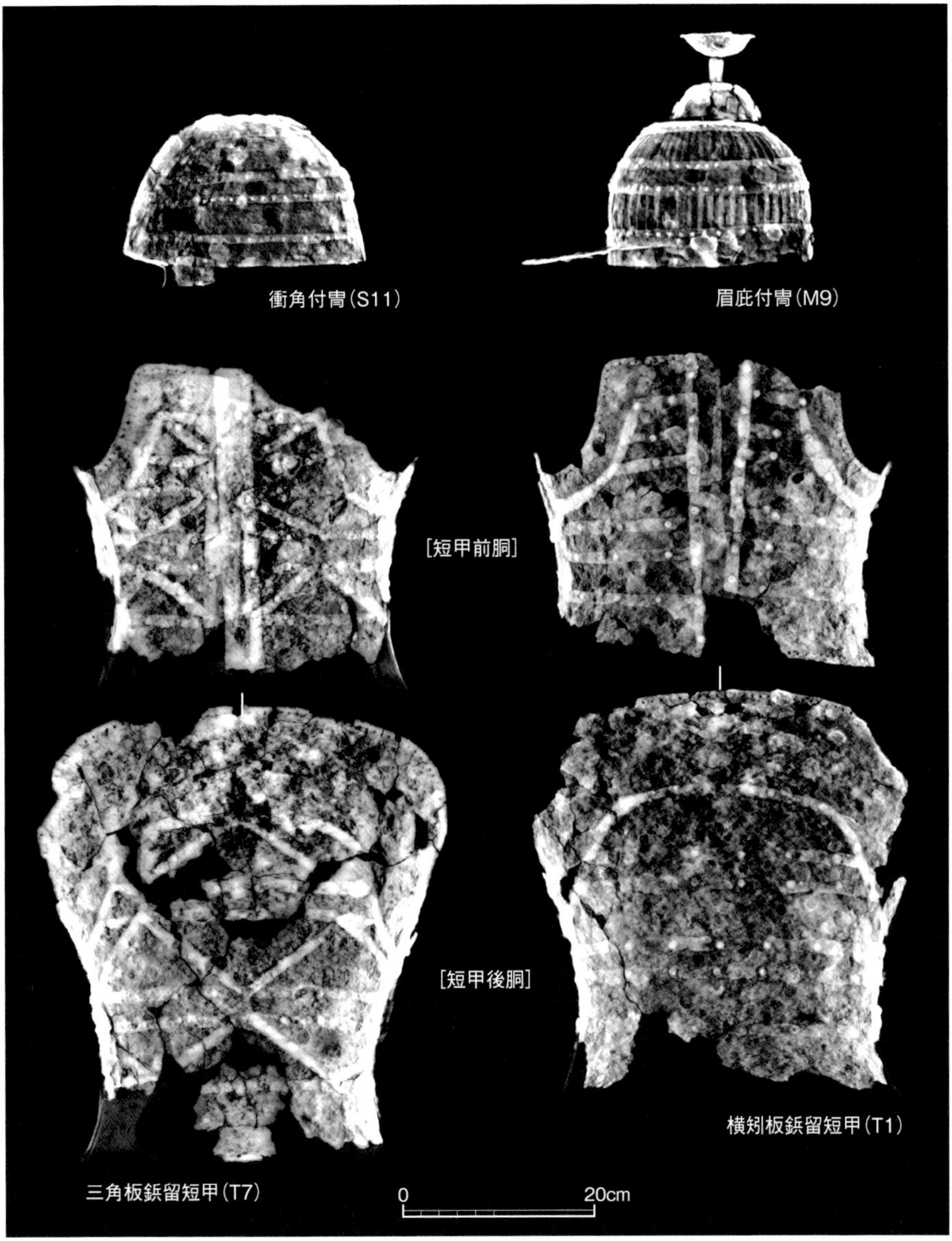

図23 ● 黒姫山古墳出土甲冑のX線CT画像
X線を通してみると、鉄板の形状、鋲による結合、鉄板の重ね方、遺存状態などが観察できる。白の濃いところが鉄板の重なりや鋲である。短甲は三角板と横矧板の違いが大きい。衝角付冑は横矧板を鋲留している。眉庇付冑は小札という細い縦長の板をならべて鋲留し、半球形につくっている。

三角板鋲留短甲と横矧板鋲留短甲の系譜差

——着用方法と脇部の分割

細部の特徴をみよう。革綴短甲は前胴から後胴まで一連で綴じ合わせ、鉄の展性と革の柔軟性を利用して着用したとみられるが、鋲留短甲は綴じ合わせに柔軟性がないので、多くは脇部で前後に分割する。それには両脇を分割するものと、右脇のみ分割するものがある。また鋲留式にも脇部を分割しない胴一連式もある。胴一連式は履くように着用し、右前胴開閉式は開閉部から体を入れて着用したであろう。いずれもワタガミとよぶ肩紐で吊り下げて着用する。

黒姫山古墳では右前胴開閉式が多く、両胴開閉式と胴一連式もある。また、胴一連式ではもとから分割をしないものと、右前胴開閉式のかたちに作り上げていながら鋲留して胴一連式にしたものの二種がある。前者が本来のもので、後者は分割胴一連式とよんでおこう（図25）。

胴一連式は三角板鋲留短甲に二例、横矧板鋲留短甲一例、分割胴一連式は三角板鋲留短甲に三例ある。両胴開閉式は三角板鋲留短甲に二例みられる。そのほかの三角板鋲留襟

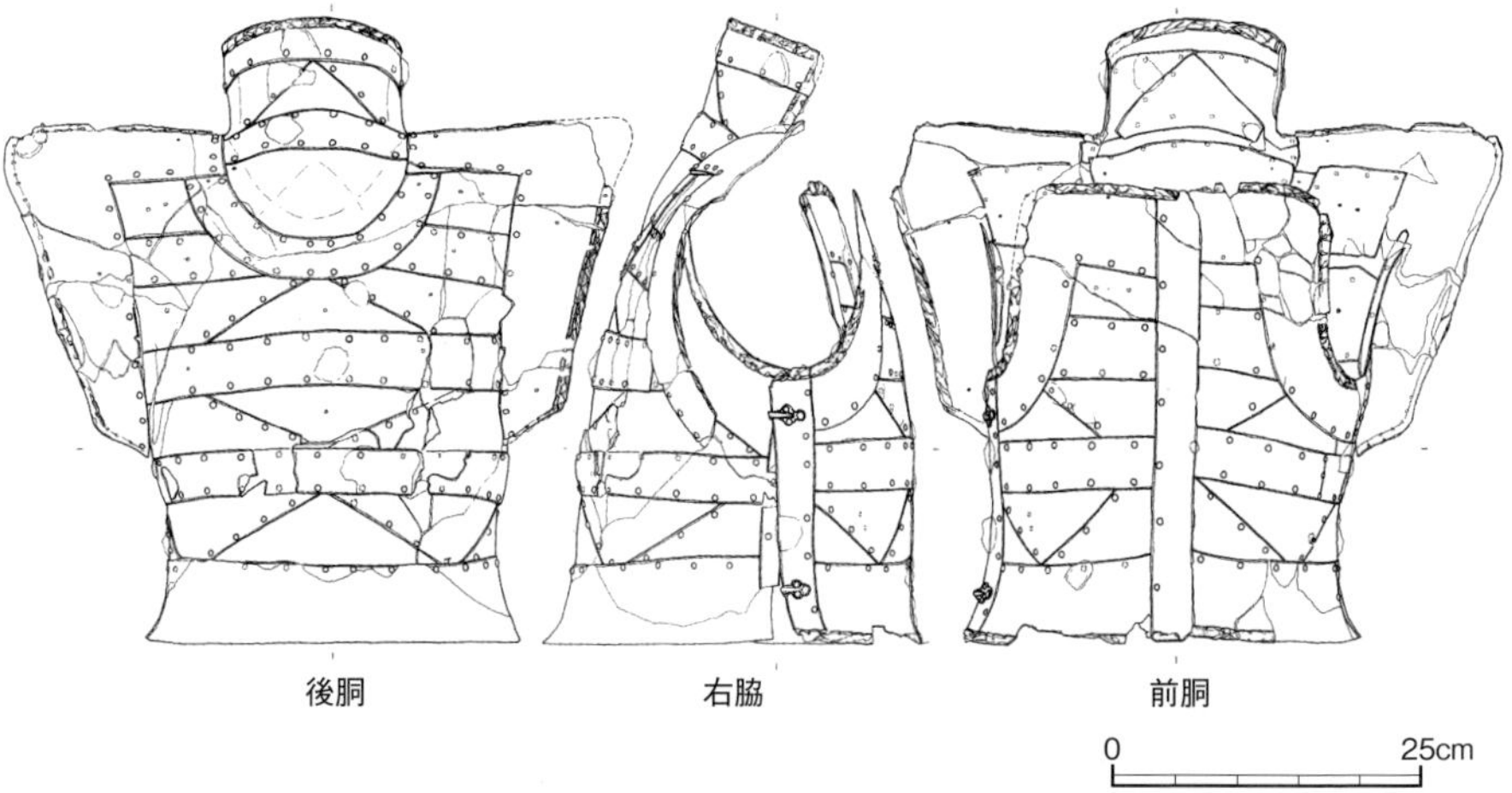

図24●襟付短甲の実測図
襟付短甲には革綴式が15例知られるが、鋲留式はこれが唯一の例である。一見して、一般的な短甲との外形の違いが認識できる。近畿中央部に集中し、中央政権における特別な地位・職掌を象徴するものであろう。

付短甲、横矧板鋲留短甲は右前胴開閉式である。

胴一連式が革綴式以来の古相の技術、両胴開閉式は鋲留式の初期にあらわれる技術、右前胴開閉式は鋲留式では新相の技術である。三角板鋲留短甲は古い技術系譜に属するものが多く、横矧板鋲留短甲は新相の技術を軸としており、黒姫山古墳の甲冑には同じ鋲留式でも多少のバリエーションを含んでいる。

また脇部を開閉させるための蝶番《ちょうつがい》金具や鉄板端部が人体と接触するのを和らげる覆輪《ふくりん》という部位があるが（図26）、それら細部の技法の組合せなどからも両者には製作に関わった工人の系統にいくつかのグループを抽出することが可能である。

黒姫山古墳のなかの新古――鋲の大きさと帯金の幅

吉村和昭氏や滝沢誠氏の研究によって、鋲留短甲は鋲の大きさと数、帯金の幅によって詳細な変遷を追えることがあきらかになっている。基本的に鋲留短甲の鋲は小型多量使用から大型少量使用へと変遷する。より大きい鋲を用い、

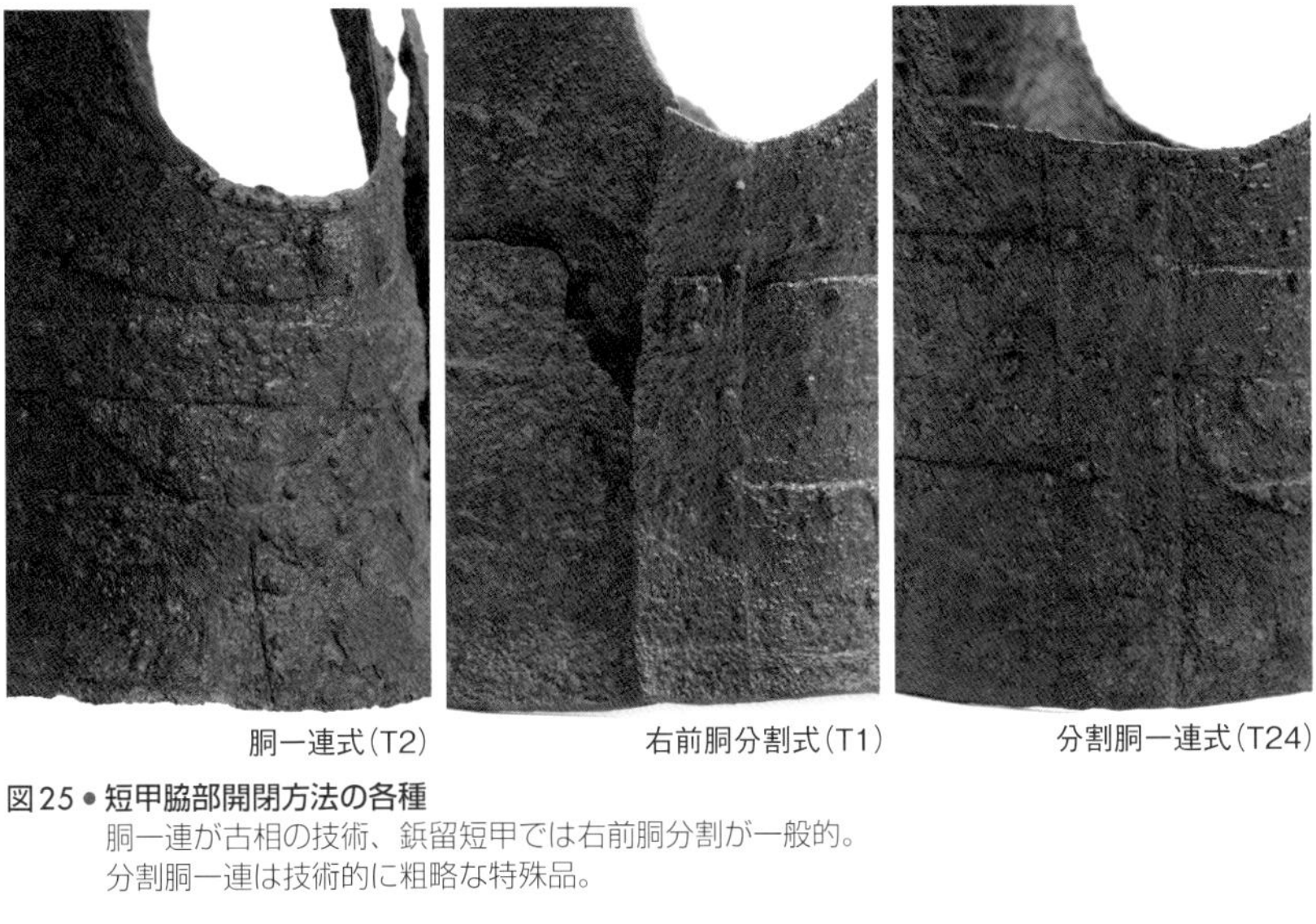

胴一連式（T2）　右前胴分割式（T1）　分割胴一連式（T24）

図25●短甲脇部開閉方法の各種
胴一連が古相の技術、鋲留短甲では右前胴分割が一般的。
分割胴一連は技術的に粗略な特殊品。

数を減らして量産化のための省力化を目指したのである。黒姫山古墳の短甲は鋲留短甲のなかでは鋲が少なく大きいタイプが大部分を占める。

また、黒姫山古墳の短甲は、外面ではわからないが、内面をみると、鉄板の裁断と結合がかなり大雑把におこなわれており、工人が製作に手馴れた新相に位置づけられるものが多い。多くは五世紀後葉（ＴＫ二三型式段階）に位置づけられるものである。しかし、なかには古相の要素をもつものも含まれている。Ｔ５号三角板鋲留襟付短甲とＴ６号両胴開閉三角板鋲留短甲である。この二つの短甲は鋲が小

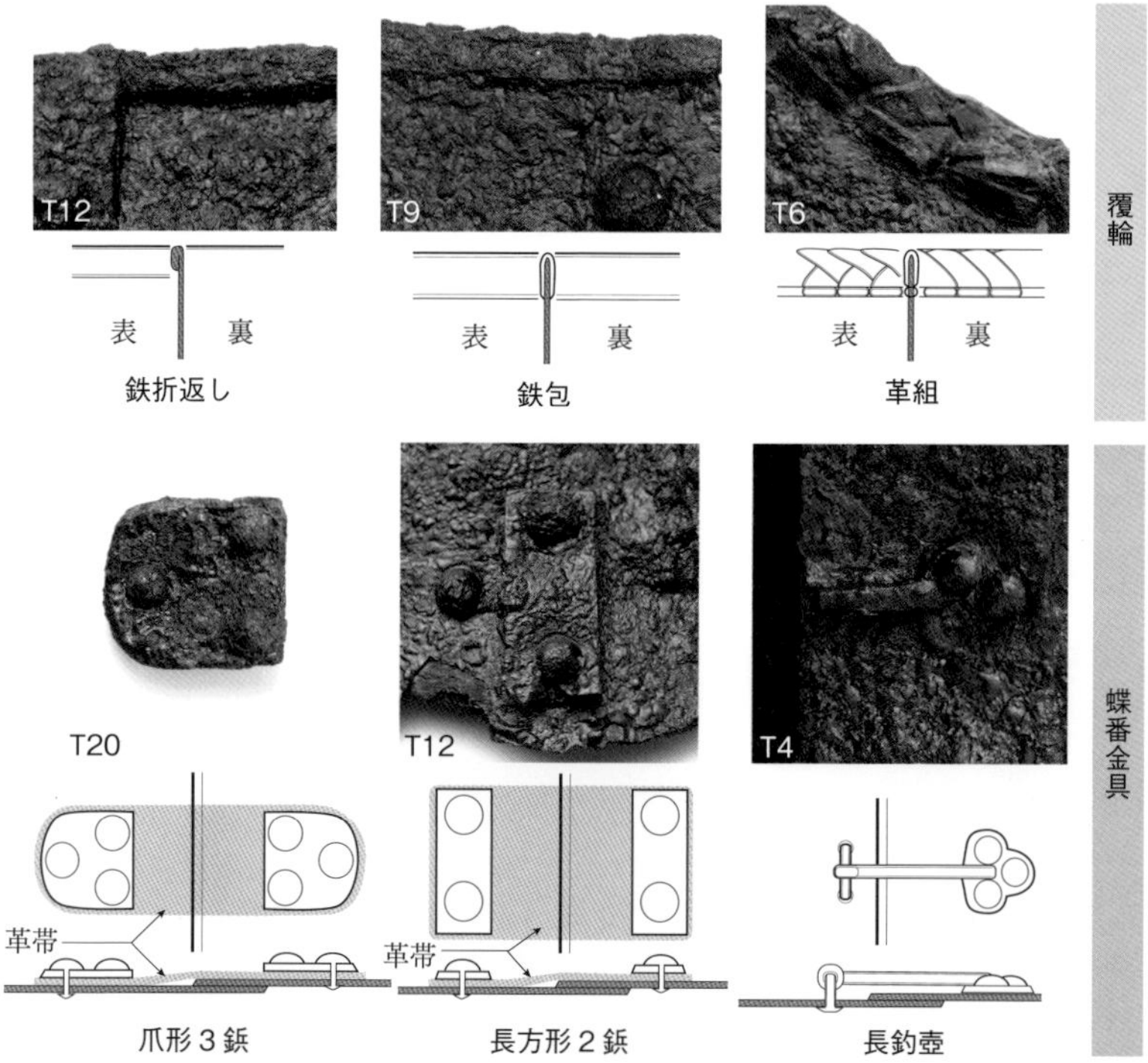

図26 ● 蝶番金具
短甲の細部にはいくつかのバリエーションがあり、それらは技術系譜、工人のグループを反映している可能性が高い。覆輪は短甲の端部を、革や鉄で包み人体との接触を和らげるための工夫である。革組、鉄包、鉄折返しの順に出現する。蝶番金具は、脇部の開閉装置である。革を金具ではさんで鋲留し、前後胴を革ベルトでつなぐものが多いが、なかには鉄の棒と環で連結するものもある。

さく比較的裁断がていねいである。また、いずれも長釣壺蝶番金具（図26）という手の込んだ金具を脇の開閉に用いる特徴がある。

襟付短甲という形式の短甲のなかではT5号が唯一の鋲留式の事例で、ほかに一五例出土しているこの形式の短甲はすべて革綴式である。もともと中期前半に革綴式で盛行したもので、黒姫山古墳の襟付短甲は革綴から鋲留へ移行した早い段階の例なのである。T6号とあわせて五世紀前葉～中葉（TK二一六～TK二〇八型式段階）に位置づけられる。

一括で埋納された短甲も細部を比較すればいくつかの系統や時期差があるが、総体としては、むしろ同じユニフォームをそろえている印象のある同質的な甲冑が集積されているといえいよう。

3　衝角付冑と眉庇付冑

衝角付冑

古墳時代中期の冑は衝角付冑と眉庇付冑の二種に代表され、黒姫山古墳では前者が一一点、後者が一三点数えられている。いずれも結合技法は鋲留式である。

冑も短甲と同様に地板形態と結合技法の違いが分類指標となるが、黒姫山古墳の衝角付冑はすべて横矧板鋲留式であった（図27）。全体に共通性の高い装備が集積されている。

衝角付冑では冑下面の先端部、衝角底板と竪眉庇《たてまびさし》という部分をつくる技術がむずかしく、その結合技法にはバリエーションがある。黒姫山古墳では三つの技法が用いられていた（図28）。

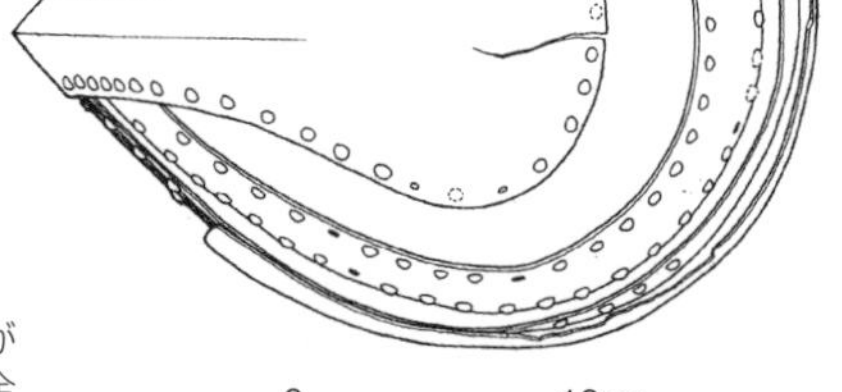

図27 ● 衝角付冑
横矧板鋲留式のみで占められる。細部には違いがあり、製作の時期差も含んでいるが、一見して全体に共通性が高いものが集積されている。

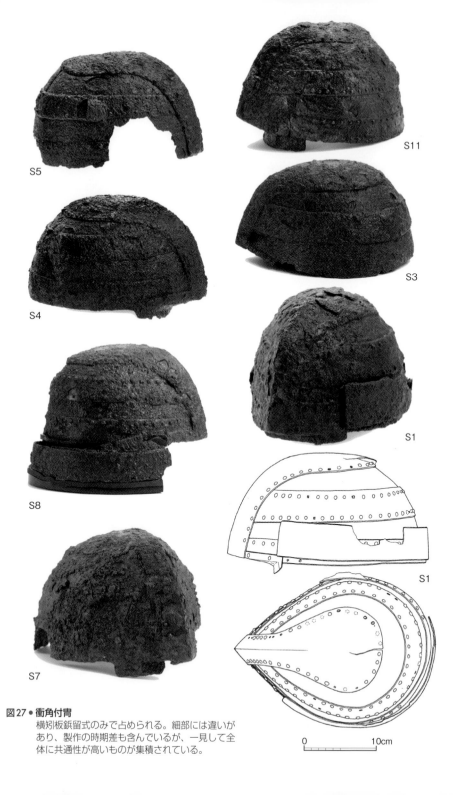

このうち上接式と内接式が一例ずつで、ほかは外接式である。上接式は革綴式由来の技法で鋲留式では古相の技術である。主体を占める外接式はこのなかではもっとも新しい技術である。また、S3号は腰巻板とよぶ最下段の帯金がない、一段少ない特異な構造になっている。そのぶん地板や胴巻板を幅広くしたもので、製作の省力化を進めた最新相の衝角付冑であろう。

眉庇付冑

眉庇付冑は鋲留式段階に出現するもので、もともと革綴式がない。黒姫山古墳には小札鋲留式、横矧板鋲留式、方形板鋲留式の三種がみられる（図29）。一般に小札鋲留式は厳密に設計、組み立てられているものが多いが、黒姫山古墳のものは小札の形・幅に規格性が弱く、左右の枚数や上下の配列も乱雑である。また庇部に施された透彫文様はモデルとなった葉文の形状から崩れて形骸化しており、眉庇付冑のなかでは粗雑化がみられる新相の技術でつくられている。また、黒姫山古墳では眉庇付冑のなかでは類例の少ない横矧板鋲留式が四点、方形板鋲留式が二点あることも特徴的である（図30）。両型式はともに粗雑なつくりで、眉庇付冑製作の最新相に位置づけられる。

図28●衝角底板と竪眉庇の構造
上接式は革綴式以来の古相の技術。外接式が新相の技術。黒姫山古墳ではいずれもみられるが、外接式が多くを占める。

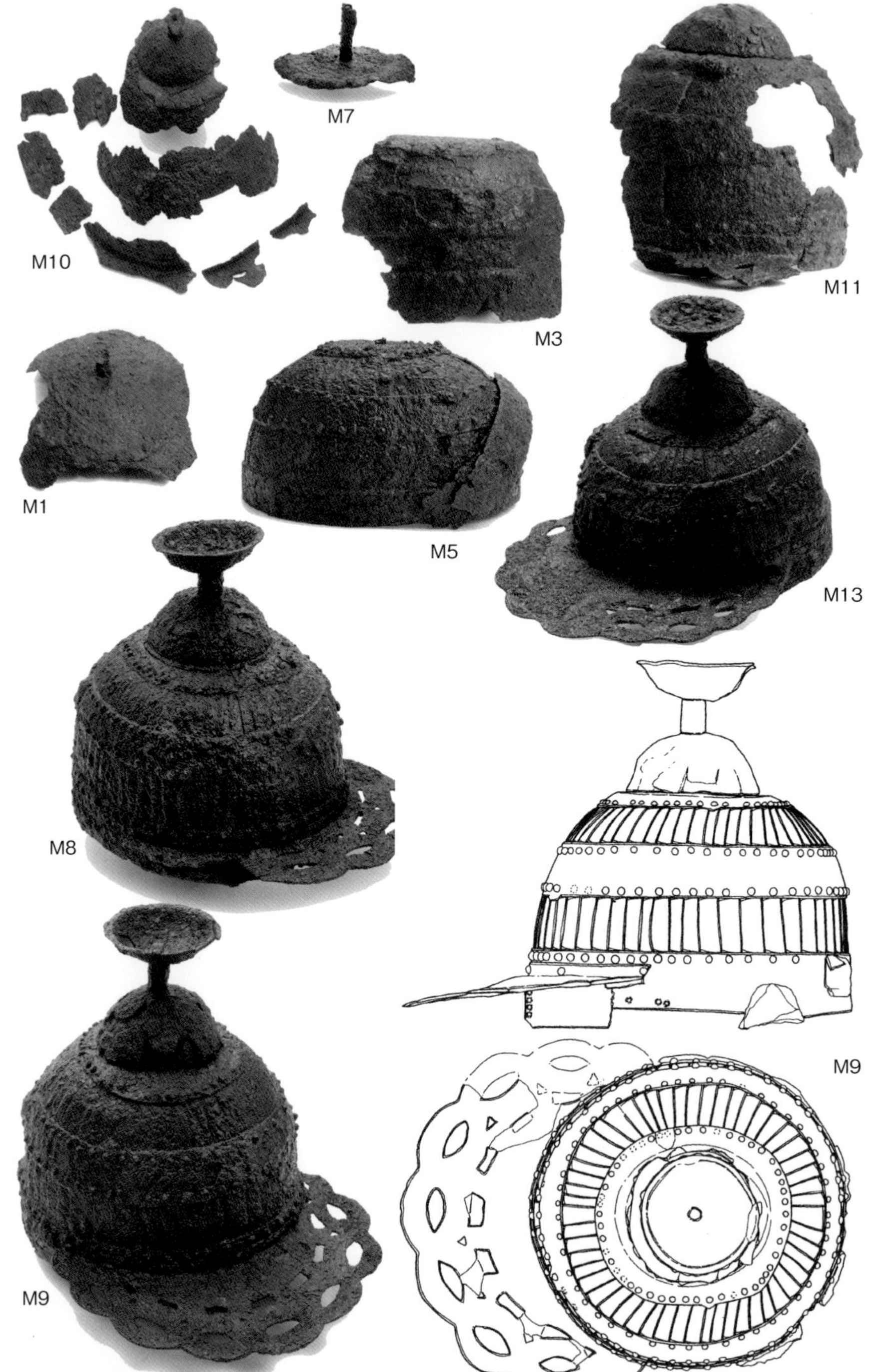

図29 ● 眉庇付冑

小札・横矧板・方形板各種の地板型式がみられる。豊富なバリーションが特徴。文様や技術は粗雑化したものが多く、眉庇付冑の製作段階のなかでは新相のものが主体である。

総じて、黒姫山古墳の眉庇付冑は粗略的な要素が多く、この冑の製作段階のなかでは新しい様相をもっている。衝角付冑にはＴＫ二一六型式段階ものもあるが、そのほかの衝角付冑や眉庇付冑はＴＫ二〇八～二三型式段階といった、古墳時代中期後葉、五世紀後葉に位置づけられるものが中心である。

4　甲冑の付属具

頸甲　頸甲は鉄板をのばして加工したもので、これまでの研究で、襟が高くなる、肩部のラインが直線的なものから湾曲して体にあった形態に変化する、前面下端部の幅が狭くなる、複

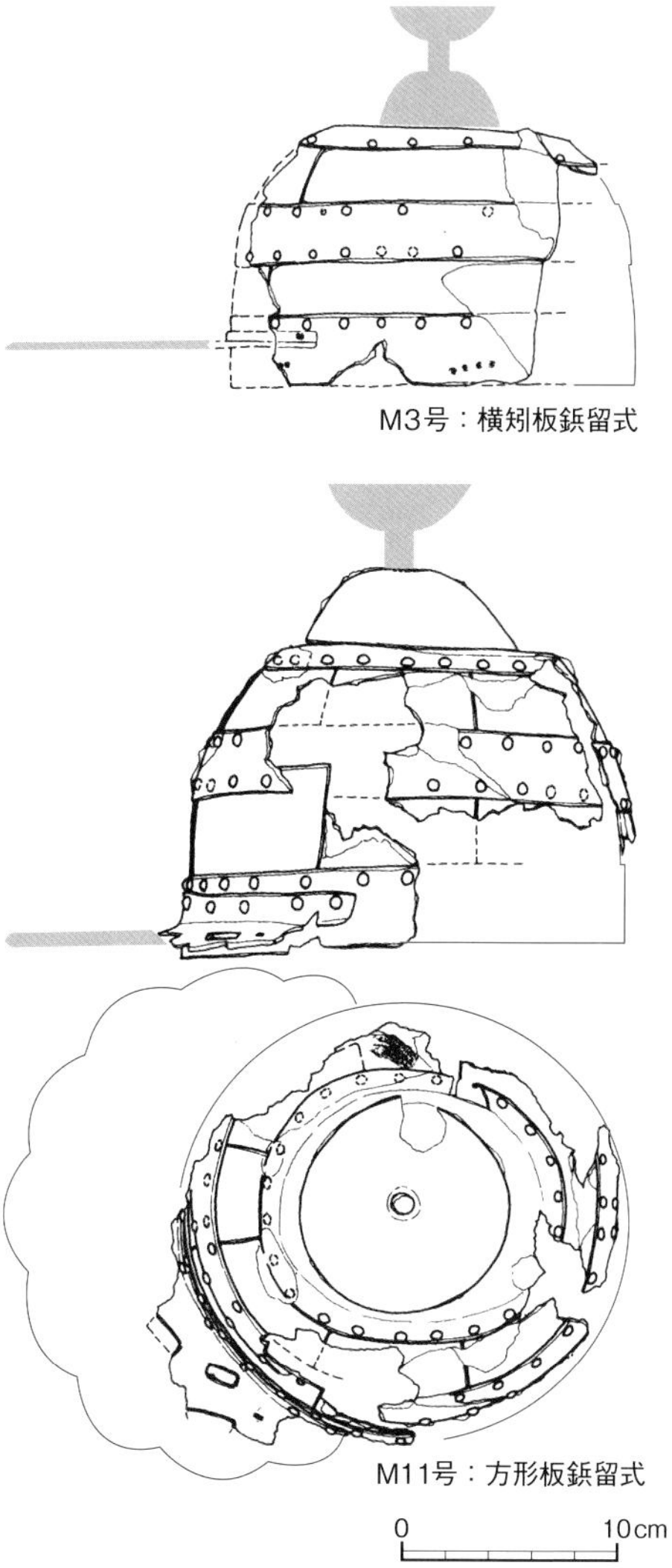

図30●眉庇付冑（横矧板鋲留式・方形板鋲留式）
地板に冑半分におよぶ横長鉄板を使うのが横矧板鋲留式。横長の長方形鉄板を使うのが方形板鋲留式。とくに方形板は類例が少ない。

雑に湾曲しながら下端部の形状が直線的にそろえられるなどの、古相から新相へ変化の方向性があきらかにされている。黒姫山古墳の頸甲は細片化したものが多く、全体像をつかめるわけではないが、すべて鋲留式で、複雑なカーブをもち蝶番金具や覆輪といった類例の少ない要素を付加した最新相の五世紀後葉のものからなっている（**図31**）。

肩甲　頸甲から下げる帯板状の武具で、新しくなるにしたがって幅が狭くなり、段数が増える傾向にあると考えられる。黒姫山古墳では一六段のものがあり、肩甲としてはもっとも数が多い部類に位置づけられる。中期甲冑の最新相、五世紀後葉のものとみてよいであろう。

草摺　腰から大腿部を護るための武具である。鉄製草摺は最上部の懸板から横長板を外重ねして下げるもので技術的には肩甲と共通する。黒姫山古墳の鉄製草摺は現状で八段以上のものが確認できるが、『河内黒姫山古墳の研究』では一二段、一三段が二点、一五段の計四点の出土が記録されている。一古墳で草摺を複数出土した事例はほかになく、稀少である（**図31**）。

5　出土甲冑の性格と特質

『河内黒姫山古墳の研究』はながらく甲冑研究のバイブルとして利用されてきた。そのためこの古墳の甲冑は古墳時代甲冑の典型例ともみなされてきた。ところが、資料の増加と研究の進展にともなって、この甲冑には一般例とはいえない側面があることもわかってきた。

鉄板はそのままではサビてしまうため塗装が必要となる。そして、末永雅雄氏が早くに製作

図31 ● **頸甲・草摺**

頸甲は薄く壊れやすいため、遺存状態の悪いものが多い。襟部に覆輪をするものや後面に蝶番金具をもつものなど類例の少ないものが多く含まれる。鉄製草摺も遺存状態は悪いが、存在そのものがめずらしい。

した著名な復元品のインパクトが強く、古墳時代の甲冑は黒というイメージが広く定着している。しかしながら、実際に遺存状態のよいものでも黒漆の塗っていないものが多い。一般的な古墳時代甲冑の塗装・色はよくわかっておらず、鉄の地色やサビ色も候補になる。

ところが、黒姫山古墳の甲冑はあきらかに黒漆を塗っている（図32）。黒い甲冑、これは一般的な事例ではなく、実際には色で表示される識別があったとみるべきであろう。

衝角付冑の頂部に付属する装飾である三尾鉄《さんびてつ》も、一般的に付属させて復原されるが、実際には付属しない事例のほうが多い。とくに甲冑を複数出土するような有力古墳からの出土例が目立ち、これもある種の地位などを表示するのであろう。黒姫山古墳では衝角付冑一一点にたいして五点の出土で、すべての冑にともなうものではないが頻度が高い（図33）。

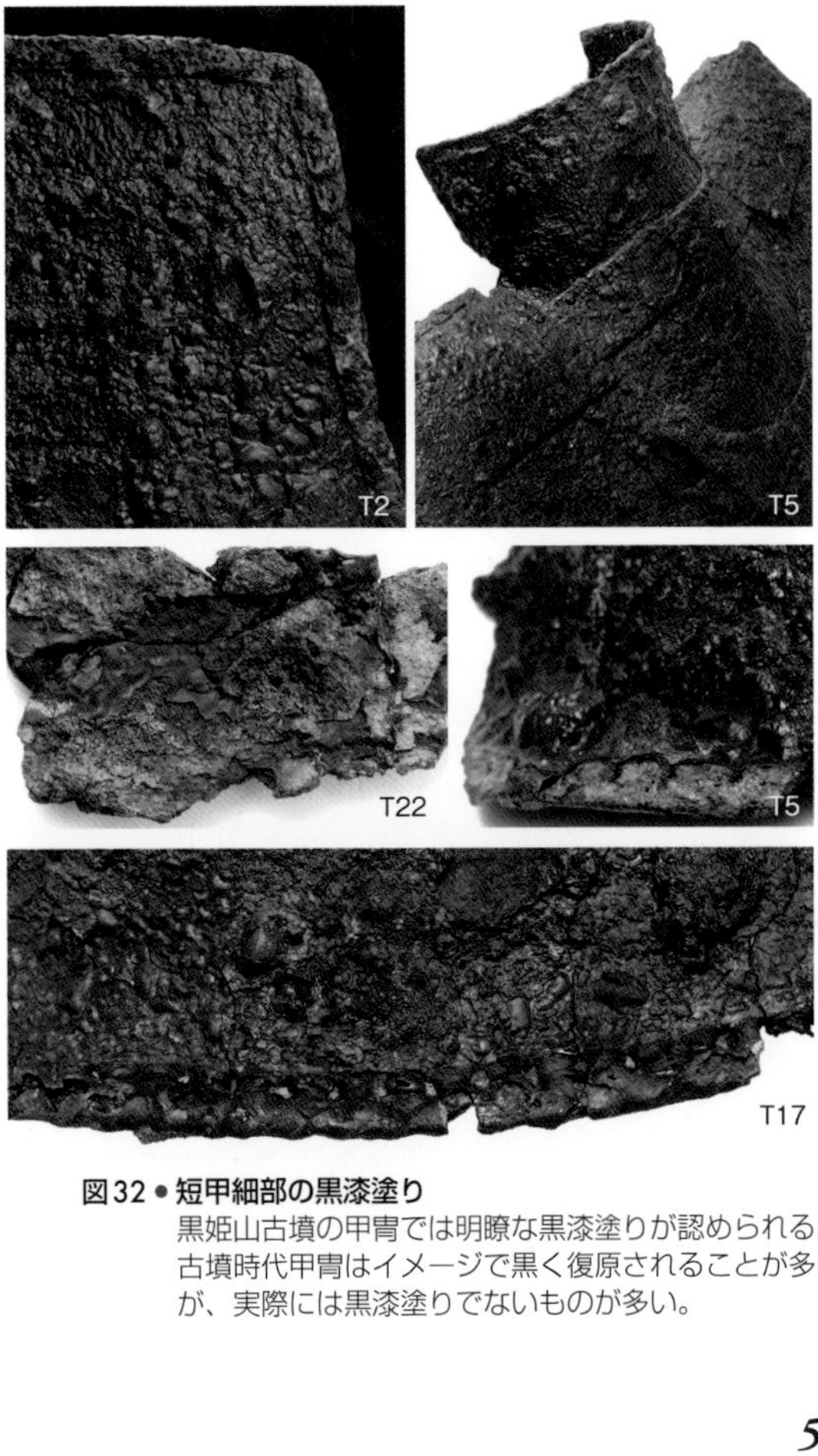

図32 ● 短甲細部の黒漆塗り
黒姫山古墳の甲冑では明瞭な黒漆塗りが認められる。古墳時代甲冑はイメージで黒く復原されることが多いが、実際には黒漆塗りでないものが多い。

鉄製草摺は黒姫山古墳以外には六基の古墳でしか出土していない非常に稀少なものである。この五古墳は、いずれも甲冑入手において優越的な地位にあったとみられる有力首長墳である。あたかも一般的な武具のように復原され、誤解されることが多いが、実際にはごく一部の上位首長層のみが保有した稀少品である。一古墳での複数出土は黒姫山古墳をおいてほかにない。

すでにみた特殊な形状の襟付短甲は、現在、九古墳一五領の存在が知られている（図34）。古市・百舌鳥古墳群での出土頻度が高く、その保有者はいずれも近畿中央政権の中枢に直結したごく限定された有力古墳の被葬者とみなされる。まさに、この形式は甲冑の伝統性と装飾性と武具としてのつくりを兼ね備えた古墳時代中期を象徴する甲冑のなかの甲冑といえよう。

全国的には短甲のみの出土古墳が圧倒的多数を占めるなか、大量埋納とともに短甲と付属具セッ

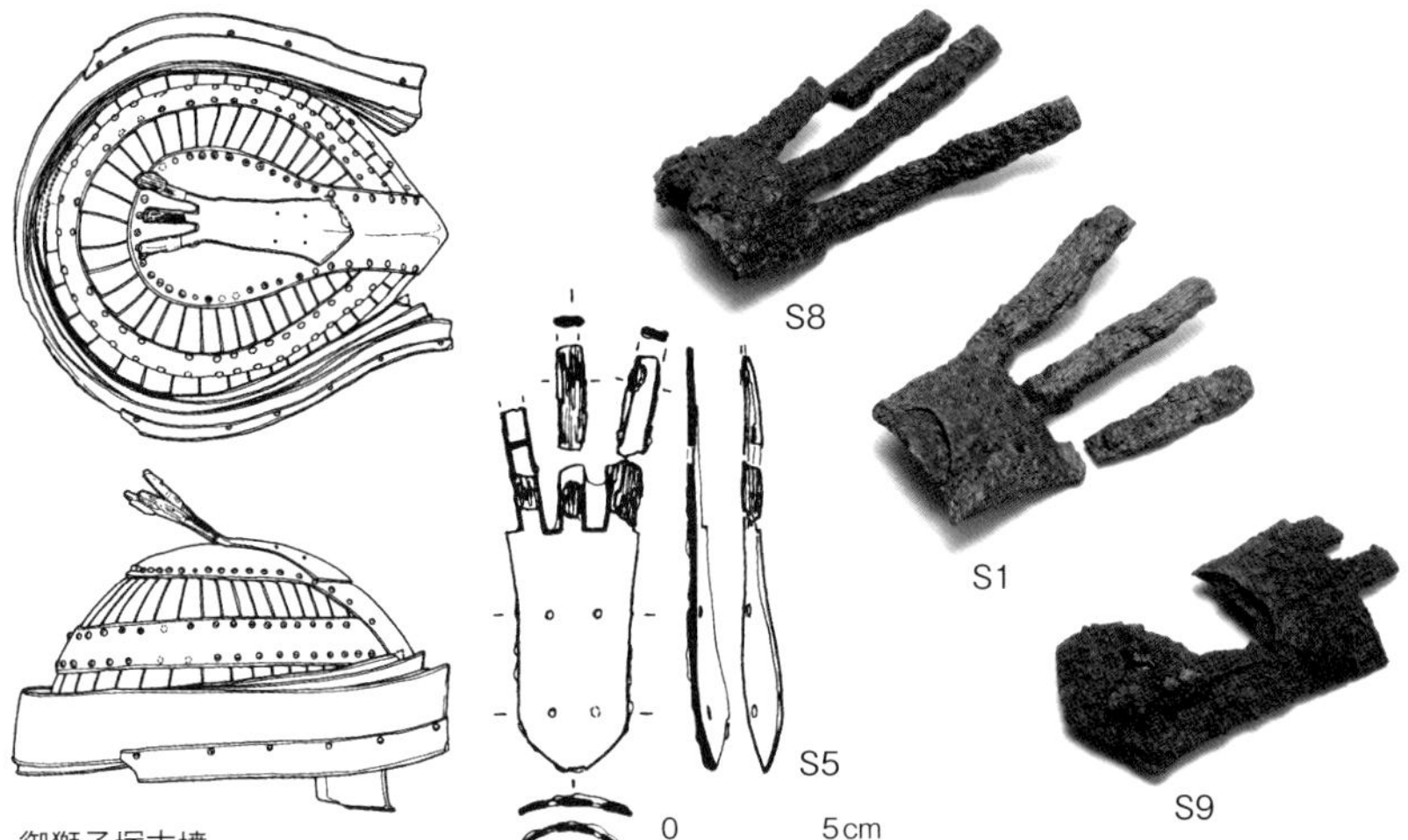

図33 ● 三尾鉄
衝角付冑にともなう付属具である。一般に衝角付冑につけて復原されているが、三尾鉄をともなう事例は少数派である。古市・百舌鳥古墳群およびその周辺での出現頻度が高く、上位の地位や職掌などをあらわすものであろう。なお、命名者の末永雅雄氏は「さんびてつ」とよんでおり、もしくは「みつおがね」というよび名もあるとする。「みおがね」とふりがなを付されることがあるが誤りである。

トの充実は黒姫山古墳出土甲冑の最大の特徴である。黒姫山古墳の甲冑には金を使った光り輝く甲冑などは出土していないこともあって、かつてはこの時代の一般的な甲冑が集められているようにも理解されていた。しかし、ここにみたようにこれらの甲冑も軍団兵士の標準的な武装具といったものではなく、政権中枢を象徴するものとみなすべきであろう。

黒姫山古墳に集積された甲冑は、多少の新古の製品を含みつつも、帯金式甲冑の最新段階のものが中心である。その石室への埋納は一括でおこなわれたものであるので、古墳時代中期後葉、五世紀後葉（TK二三型式段階）を代表するものとみることができるだろう。

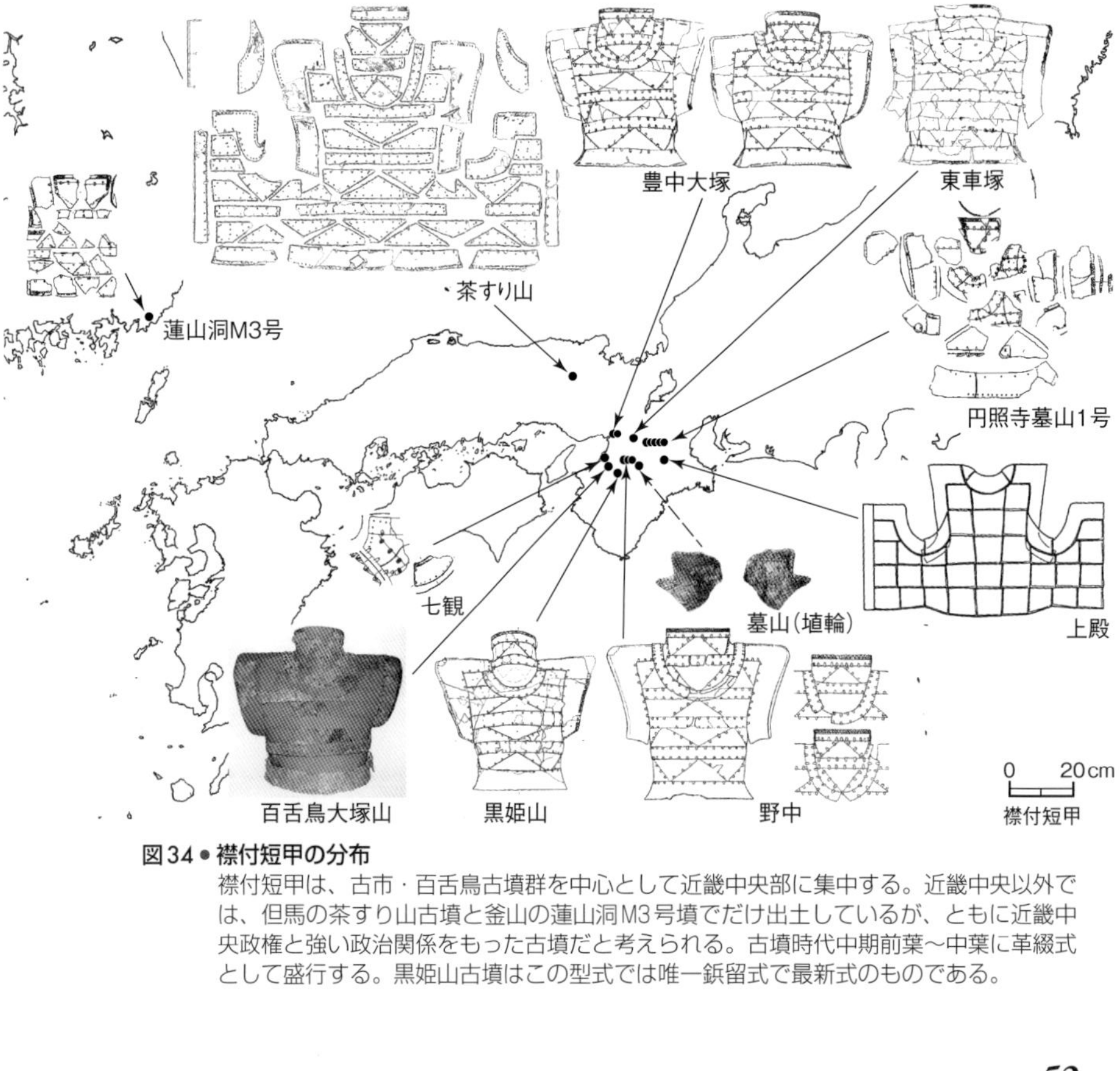

図34● 襟付短甲の分布
襟付短甲は、古市・百舌鳥古墳群を中心として近畿中央部に集中する。近畿中央以外では、但馬の茶すり山古墳と釜山の蓮山洞M3号墳でだけ出土しているが、ともに近畿中央政権と強い政治関係をもった古墳だと考えられる。古墳時代中期前葉〜中葉に革綴式として盛行する。黒姫山古墳はこの型式では唯一鋲留式で最新式のものである。

第4章　埴輪列と埴輪

1　円筒埴輪列と型式

円筒・蓋形埴輪列

黒姫山古墳では後円部・前方部ともに墳頂平坦面、墳丘中段テラス面を円筒埴輪列が完周する（図5・7・35・39参照）。墳頂部では平坦面の端から二メートル内側の位置に平坦面端に並行する溝を掘り、そのなかに円筒埴輪を接するように立てならべている。

第五次調査において前方部上では、溝状の掘り込みのなかに二〇センチ前後を埋めて据えられたことが確認されている。埴輪の高さは八〇センチ前後なので、地表に出ていたのは六〇センチ程度、全体の高さの四分の一程度は埋められていたことになる。

また円筒埴輪列の外側には、後円部では三・六〜四メートル、前方部では三・六メートル間隔で規則正しく蓋《きぬがさ》形埴輪がならぶ。

『河内黒姫山古墳の研究』では、墳頂部で円筒埴輪計三五七点、蓋形埴輪四二点の設置を確認し、さらに円筒埴輪は墳丘中段テラス部で約六六〇点、造り出し部を加えると、全体で一一〇〇点以上の設置を推定している。黒姫山古墳の円筒埴輪は形態や技法のばらつきが少なく均質的である。膨大な量であるが、ほかの古墳で同型の埴輪がみいだせないことから、近在の谷斜面を利用して窖窯をともなうこの古墳専用の埴輪工房が営まれたことが想定できる。

円筒埴輪の形式学的位置

第五次調査では六条七段構成の全形が復元できる円筒埴輪が

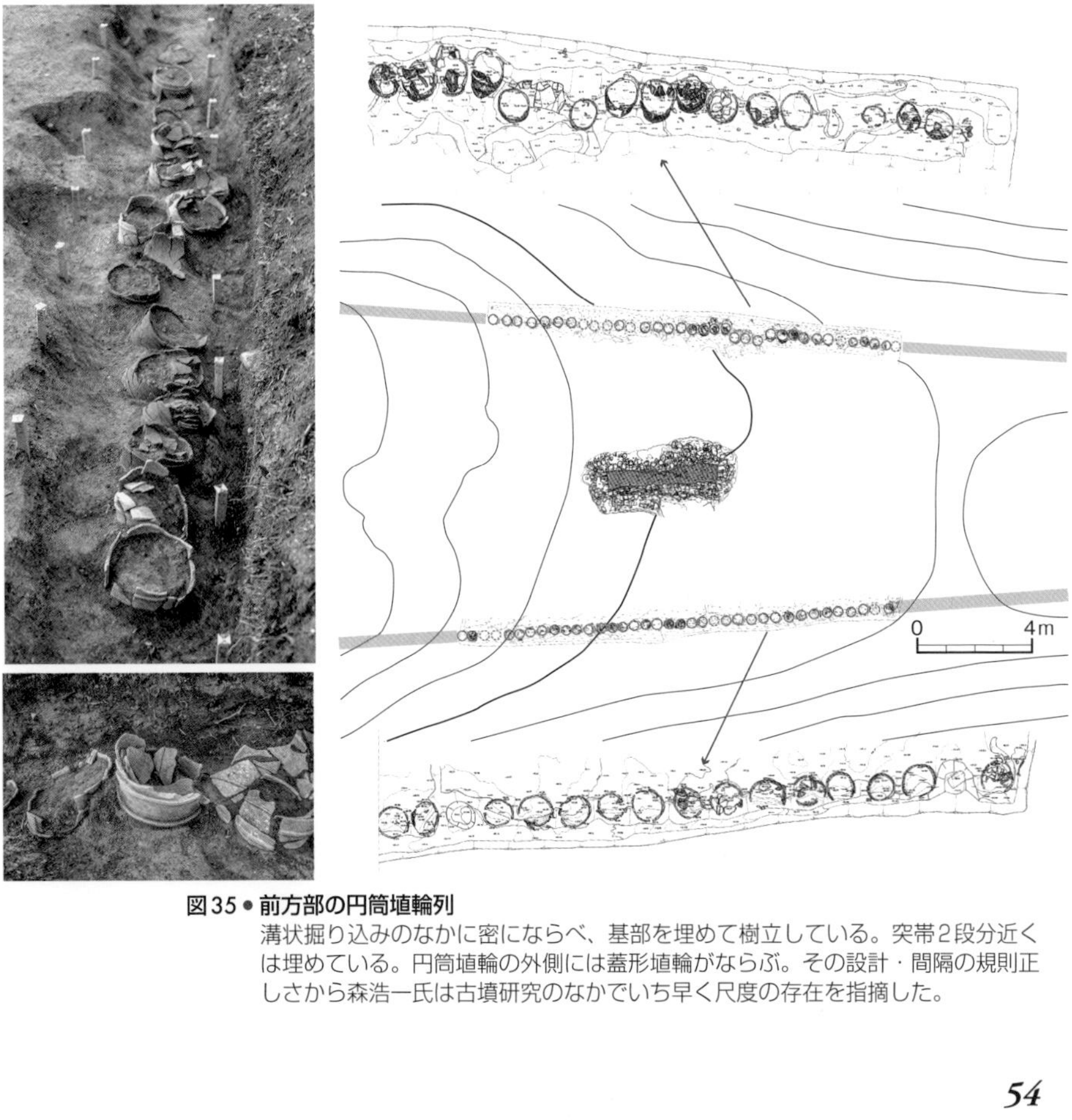

図35 ● 前方部の円筒埴輪列
溝状掘り込みのなかに密にならべ、基部を埋めて樹立している。突帯2段分近くは埋めている。円筒埴輪の外側には蓋形埴輪がならぶ。その設計・間隔の規則正しさから森浩一氏は古墳研究のなかでいち早く尺度の存在を指摘した。

四個体出土している(図36・37)。それらの高さは七七～八二センチ(平均高七九センチ)で、口径は三七～三九センチ、底部径は二九～三六センチ(平均三二センチ)である。透孔はすべて下から数えて三段目と五段目に二孔一対で開けられており、両段の透孔の向きは直交する。

朝顔形埴輪も肩部以下は円筒埴輪と共通し、円筒埴輪の口縁部上に突帯を設け、その上に肩部と口縁部をつくった形状である。復元口径には七四センチ程度のものがある。

円筒埴輪において型式的な位置づけをおこなう上でもっとも重要な指標は、器面を整えるためのハケメの付け方である(図38)。黒姫山古墳の円筒埴輪では突帯間を二回に分けて横方向のハケによる調整をおこない、上部側のハケの痕跡を幅広く残した、一瀬和夫氏の分類によるBb-2種と、突帯間を一回のハケで調整するBc種の二種が主体となる。それにハケ原体を斜めにして一回で調整するBd種もある。復原されている個体ではBb-2種が目立つが、破片資料までみるとBc種も多い。またBb-2種でもハケの止め痕を斜めに傾斜させているものもある。

また、近畿の円筒埴輪研究で重視されている指標に突帯間の間隔がある。中期古墳の埴輪は突帯間隔を工具で割り付けて製作しており、その工具幅は時間とともに狭くなることが知られている。黒姫山古墳の円筒埴輪では突帯間隔が一一センチ台前半のものが多くを占めるが、Bd種のものには九センチ台のものもある。突帯の断面形状はM字形のものが多く、押圧技法という最下段の突帯のみ四角く作るものもわずかにみられる。

こうしたハケ調整や突帯の特徴があらわす編年的な位置づけでみると、黒姫山古墳の円筒埴輪は、誉田御廟山古墳と大仙陵古墳という中期中葉の大王墓のものに近い様相をもつ。実際に

図36 ● 円筒埴輪（下段）**・朝顔形埴輪**（上段）
大きさ形態に均質な埴輪が墳丘上に立てならべられている。登り窯で焼かれたもので、大仙陵古墳と同時期に位置づけられる。6条7段でそろえられた円筒埴輪は、7条8段を基本とする大王墓クラスの巨大前方後円墳につぐ格式をもつものである。

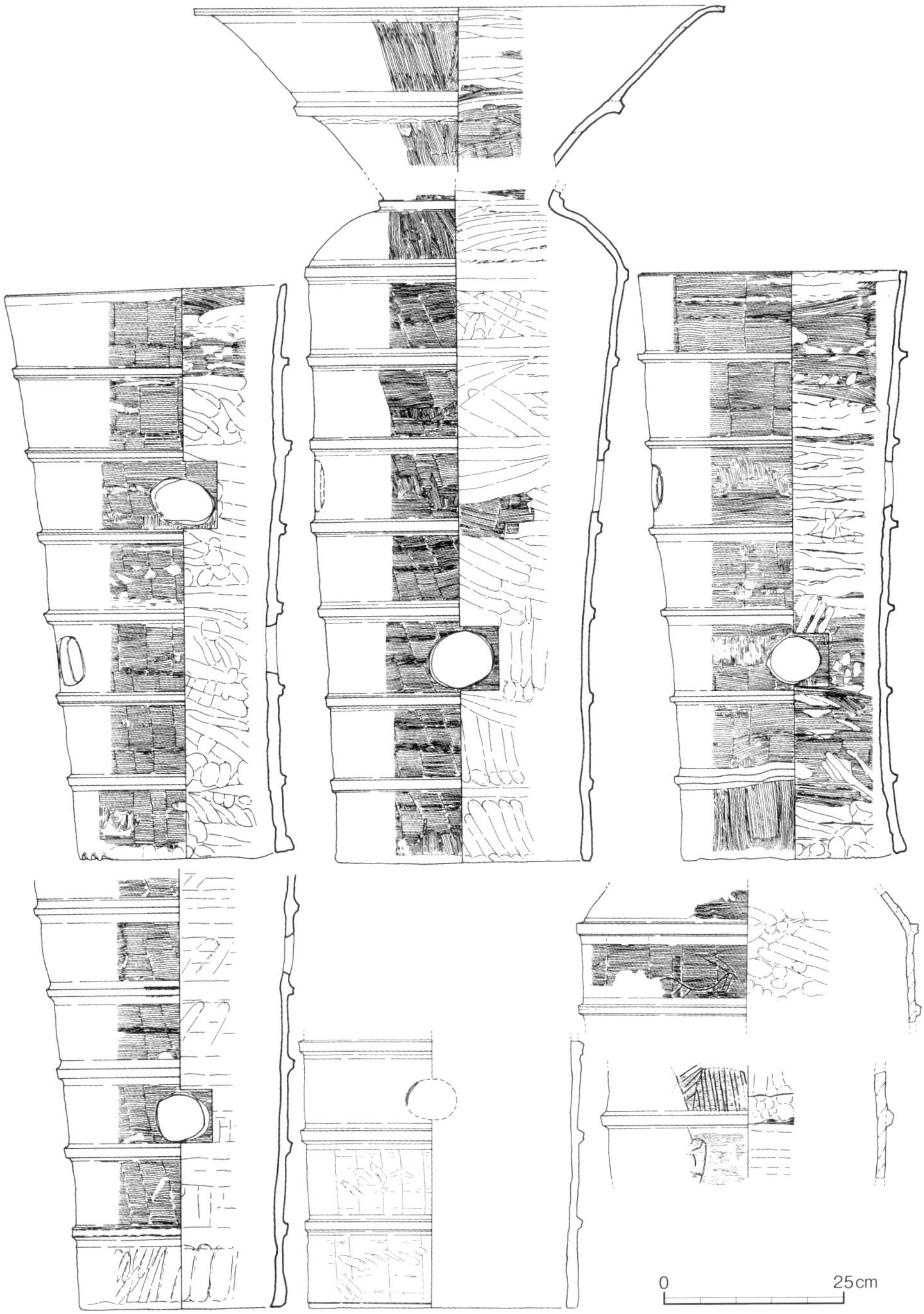

図37 ● 円筒埴輪・朝顔形埴輪実測図

細部ではハケ調整の技法、最下段の調整方法などに違いなどがあるが、総じて均質な形態・大きさの円筒埴輪がそろえられている。朝顔形埴輪も円筒埴輪に口縁部・肩部を加えた形態で共通性が高い。鹿など線刻のある埴輪も複数確認されている。

は前後する二古墳の中間的な様相をもち、Bb－2種が目立つ点で誉田御廟山古墳と同段階（埴輪編年のⅣ―1段階）に近い様相でもあるが、Bc種も多くBd種もわずかに含む様相などからは大仙陵古墳と同段階（同Ⅳ―2段階）とみなしてよい。

円筒埴輪の段数をみると、誉田御廟山古墳の外堤の円筒埴輪は七条八段構成であり、また中期後半の大王墓とみなされる百舌鳥ニサンザイ古墳、市野山古墳、大王墓の可能性のある軽里大塚古墳も七条八段であることが知られている。大型古墳で円筒埴輪の全形がわかる資料は少ないが、中期中葉から後葉の大王墓では七条八段が一つの格式指標になっているとみられ、黒姫山古墳の六条七段の円筒埴輪は大王墓につぐ地位の格式をあらわしているといえよう。

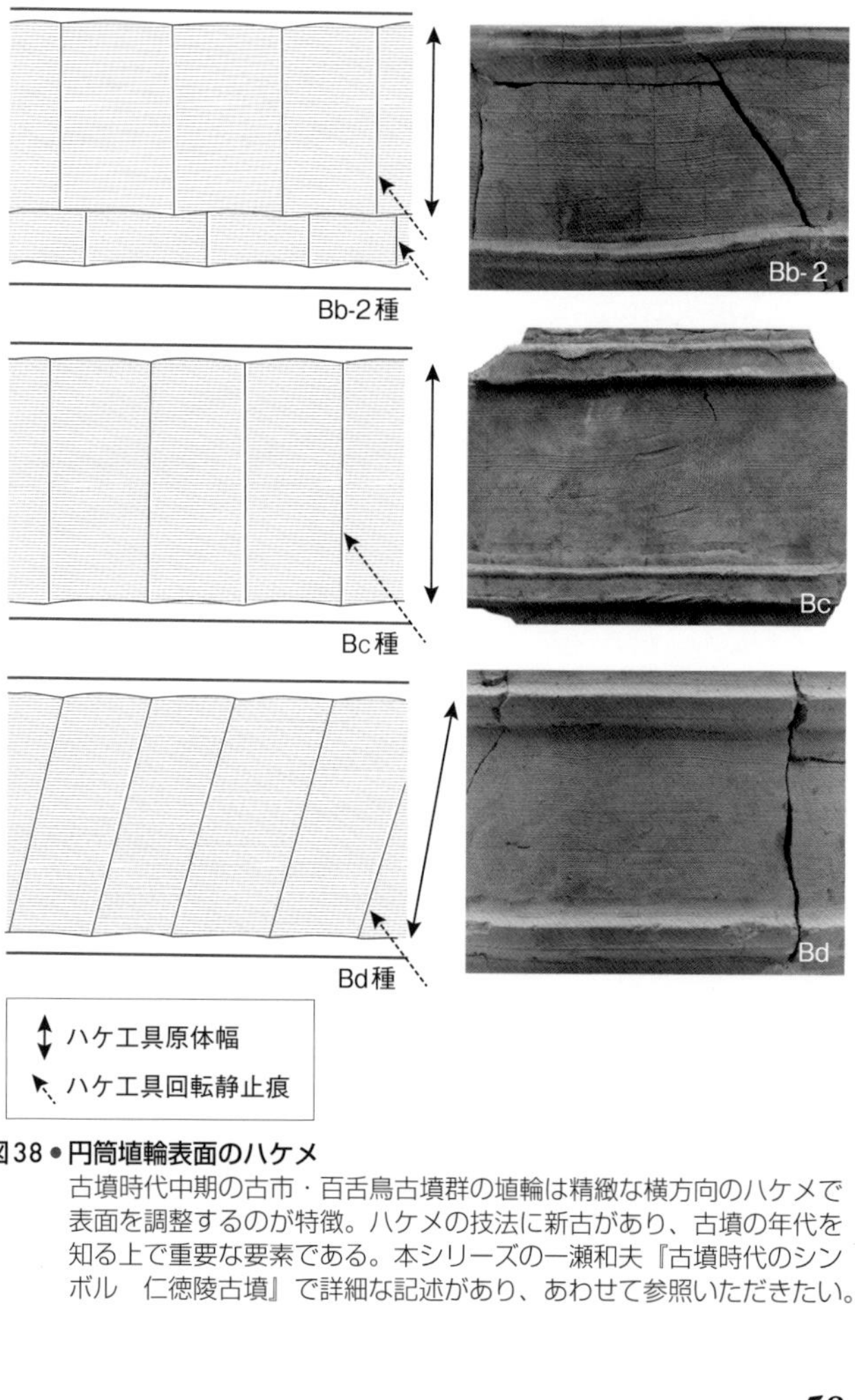

図38●円筒埴輪表面のハケメ
古墳時代中期の古市・百舌鳥古墳群の埴輪は精緻な横方向のハケメで表面を調整するのが特徴。ハケメの技法に新古があり、古墳の年代を知る上で重要な要素である。本シリーズの一瀬和夫『古墳時代のシンボル　仁徳陵古墳』で詳細な記述があり、あわせて参照いただきたい。

2　形象埴輪群

後円部墳頂の形象埴輪列

後円部の主体部上には高さ一五センチの方形壇があり、その壇上と壇下の縁辺に蓋《きぬがさ》形・家形・盾《たて》形・靫《ゆき》形・甲冑形などの形象埴輪群が、正面を内にむけて二重にめぐっていた（図39）。下部の方形埴輪列は、東西六・五メートル、南北約五・五メートルと推定されている。

方形区画列の北列・西列は蓋形・盾形・靫形を、東列は甲冑形を主体とし、南側は攪乱によって不明である。コーナー部内側では家形埴輪が出土している。そのほか、鶏形埴輪、鹿の角や犬の尾、獣脚とみられる小型土製品がある。墳頂部で人物埴輪は出土していない。

円筒埴輪列によってとりかこまれる後円部墳頂と前方部との境は、盾面を後円部側にむけた推定一三点の盾形埴輪列によって区画されていた。方形埴輪列と盾形埴輪列のあいだには南北約二・五メートル、東西約一・八メートルの小礫を敷きつめた区画がある。

形象埴輪の型式学的位置

形象埴輪の特徴をみよう。矢の容器である靫をあらわした靫形埴輪は、矢筒上ではなく背板上に線刻で鏃《やじり》を描くこと、矢筒部や背板部での直弧文の省略と退化の特徴から、松木武彦氏によって黒姫山タイプと名づけられ、高橋克壽氏やその研究を発展させた和田一之輔氏によって、野中古墳の靫形埴輪とともに古墳時代中期後葉の代表例とされるものである（図40・42）。

蓋形埴輪は、『河内黒姫山古墳の研究』には笠部中央と端部に突帯のないもののみ掲載されているが、ほかにも中央・端部突帯があり、笠上部に縦三本線による重ね表現をもつものがある（図41）。これらは松木武彦氏が本来の形状から退化・簡略化の進んだタイプとして古墳時代中期後葉に位置づけ、小栗明彦氏が大仙陵古墳と同段階（埴輪編年のⅣ―2段階）に位置づけるものである。

　盾形埴輪も文様の簡略化の進んだものを含み（図40）、甲冑形埴輪は革綴ないし鋲留の表現もなく、草摺も簡略

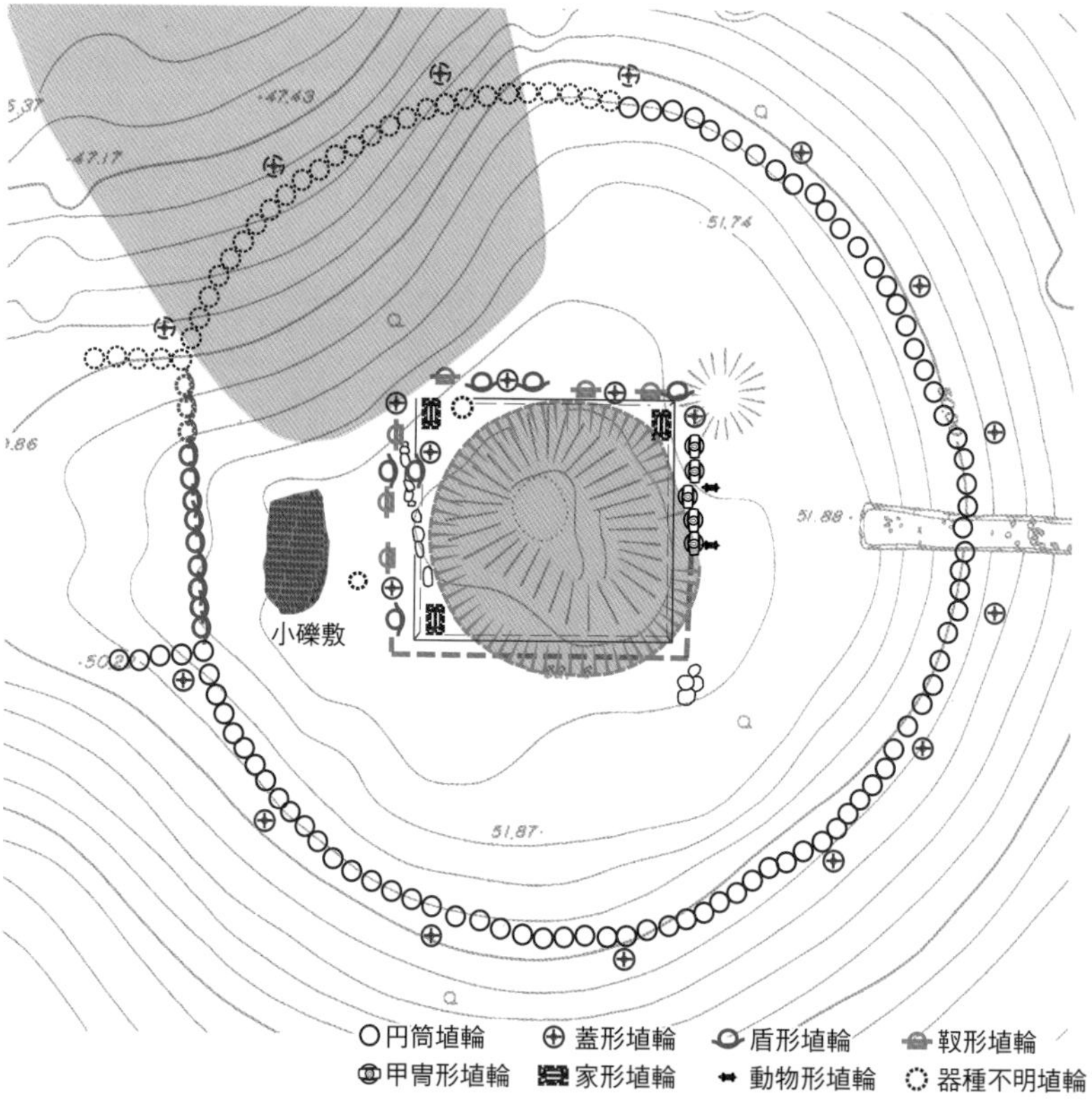

図39●後円部の埴輪列
後円部の埋葬施設をとりかこむように、形象埴輪列が方形・二重にならんでいる。また後円部と前方部の境には盾形埴輪がならぶ。盾・靫・甲冑などの武具形埴輪はいずれも内側をむいていることが黒姫山古墳の配列の特徴として注意されている。

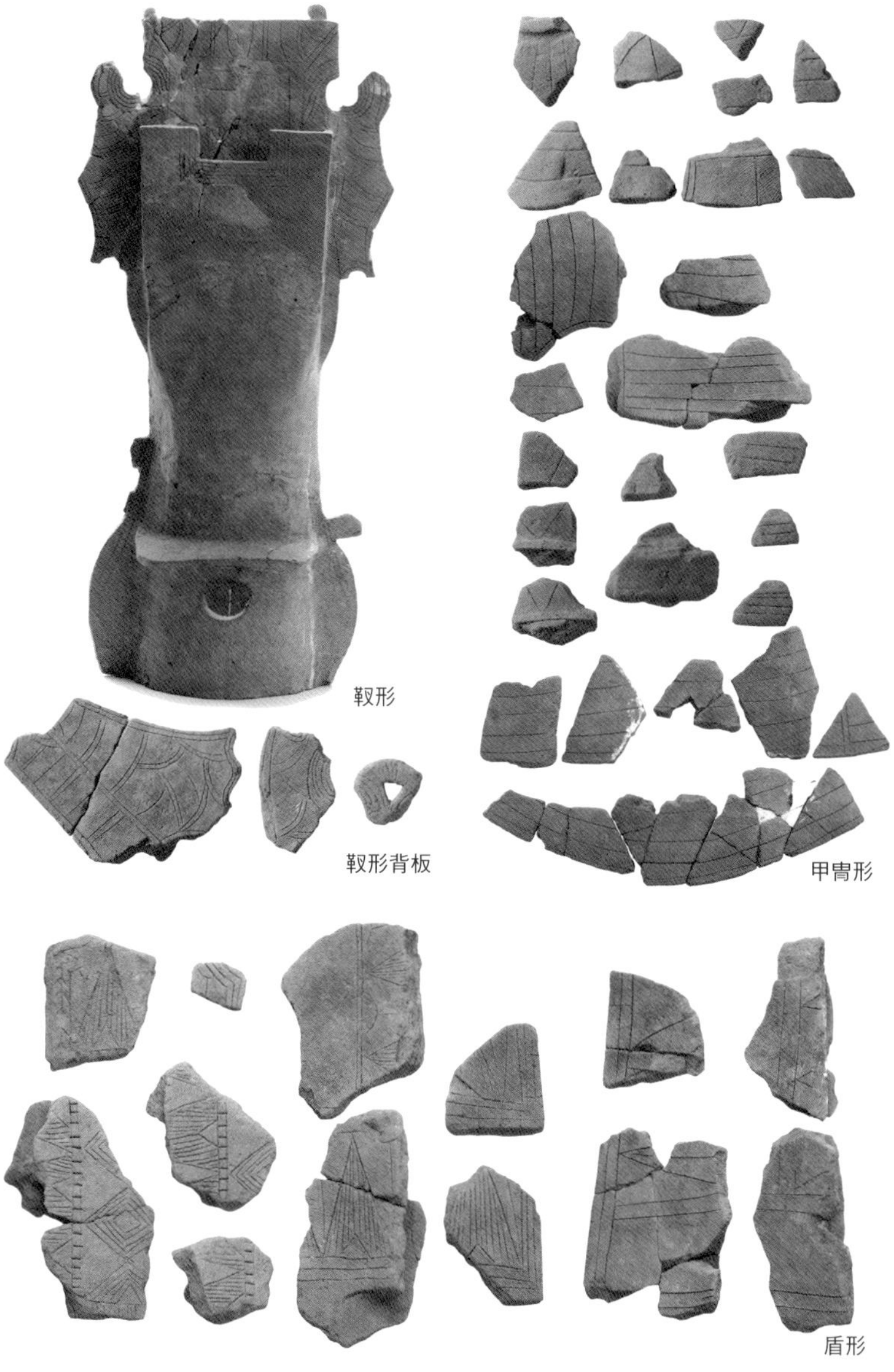

図 40 ● 形象埴輪 1
靫・甲冑・盾といういずれも武具を表現した形象埴輪である。甲冑形は甲・冑・肩甲・草摺を一体で成形したものである。盾形は文様表現にバリエーションがあり、簡略化の進んだものを含む。

図41 ● 形象埴輪2
貴人の傘を表現した蓋形埴輪は笠部に中位突帯のあるものとないものがある。家形は破片が少なく全体像が不明である。動物形は器種不明なものが多いが、犬の尻尾、鹿の角などの可能性のあるものがある。ほかに鶏の脚台がある。また円筒埴輪の線刻には鹿が複数あり、ほかに数種の線刻が確認できる。

的な線刻表現のものである（図40）。いずれの形象埴輪も形骸化の進んだもので、古墳時代中期のなかでも中葉以降のものとみることができる。

後円部墳頂での形象埴輪による二重の方形区画は被葬者の眠る空間を荘厳化し、邪なるものをさえぎる、埋葬空間としての古墳の本質に関わる最重要空間であったと考えられる。

黒姫山古墳に近い時期の大王墓級の古墳では、墳頂部の埴輪は断片的に知られているにすぎず、実態はあきらかになっていない。黒姫山古墳は大王墓に準じる埴輪をもつことから、おそらくさらに壮大にしたような埴輪列が大王墓には採用されているものと推定できるだろう。

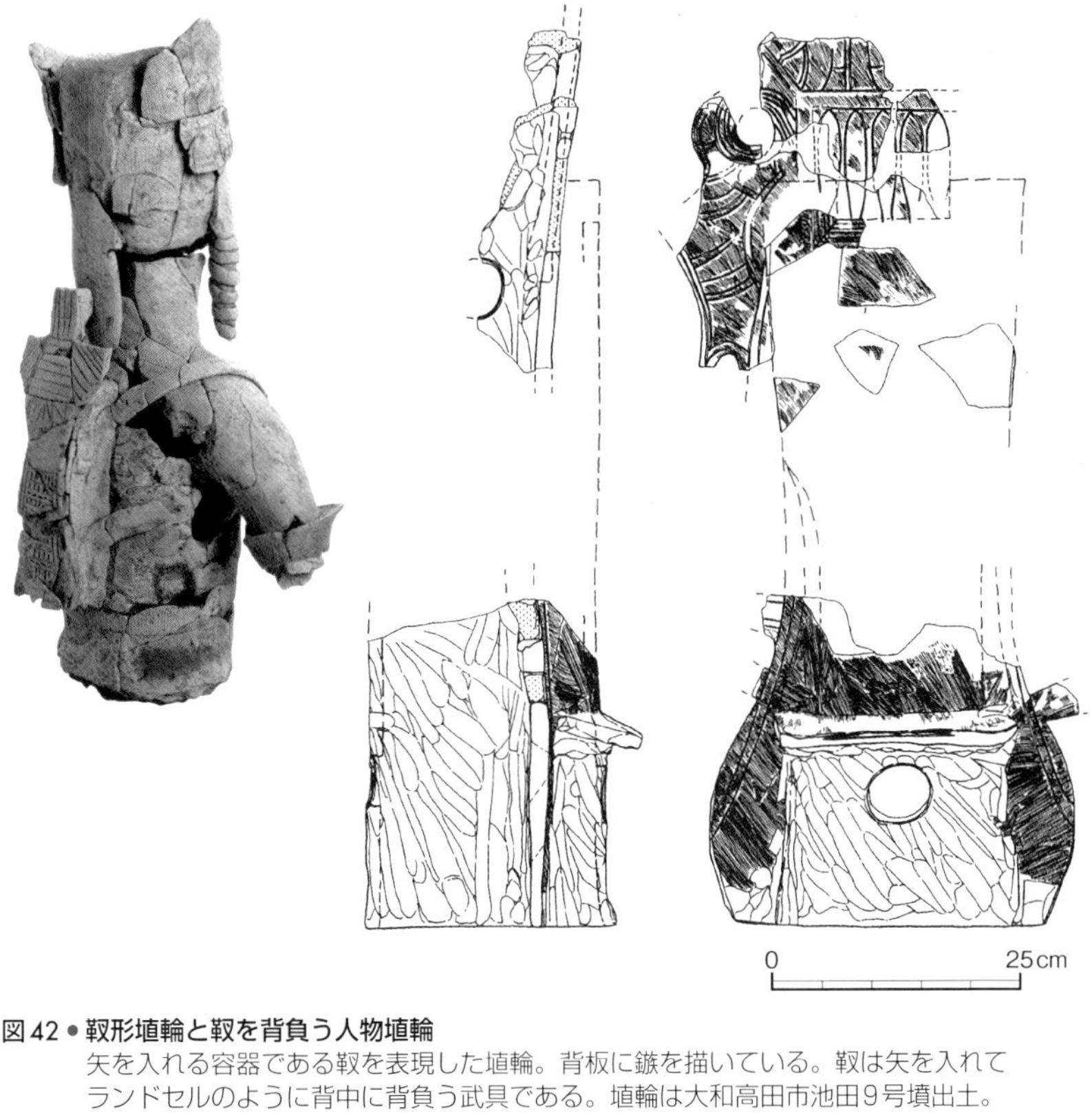

図42 ● 靫形埴輪と靫を背負う人物埴輪
矢を入れる容器である靫を表現した埴輪。背板に鏃を描いている。靫は矢を入れてランドセルのように背中に背負う武具である。埴輪は大和高田市池田9号墳出土。

第5章　黒姫山古墳の被葬者像

1　年代と被葬者の性格をさぐる

古墳の年代と被葬者の活動期

以上、個別の資料についてみてきたが、黒姫山古墳とその被葬者はどのように位置づけられるであろうか。まずは年代であるが、鍵になる資料はここまでみてきた甲冑と埴輪である。

甲冑は一般的に古墳被葬者の生前の中央政権と関わる政治活動にともなって用意された可能性が高く、その製作は被葬者の活動期に近いと考えられる。またその活動期が長ければ、古い型式が長期存続することも想定できる。しかしながら、実際に甲冑は長い時間幅をもつものが組み合わされて副葬されることは少ない。甲冑入手の機会は何度もないことにくわえて、つねに新しいものをつくって配付し、古い型式はほとんどストックされなかったと考えられる。

いっぽう、埴輪は古墳の築造にともなって用意されるものであるため、古墳の築造時期に近い資料といえよう。古墳の築造が被葬者の死亡と、どの程度の時間差があるのかまでは解明できないが、埴輪は古墳の築造段階・順序を知る編年にはもっとも重要な資料である。

甲冑と埴輪からみた年代について

甲冑についてはこれまでにみた特徴から、中心となる時期はTK二三型式段階（五世紀後葉）である。なかにはより古相のものを含むが、古墳への埋納時期はこの段階である。

いっぽう、埴輪では、上田睦氏は古市古墳群の円筒埴輪編年から黒姫山古墳を大仙陵古墳と同段階のTK二一六型式段階に、小栗明彦氏も蓋形埴輪からTK二一六型式段階に位置づける。すなわち、黒姫山古墳では甲冑と埴輪で指し示す編年的な位置づけに明確なズレがある。先に述べたように、生前から保有される副葬品のほうが、埋葬時に近い古墳築造時に用意される埴輪よりも古い様相をもつことはあり得る。しかし、黒姫山古墳の場合は、甲冑が新しく、埴輪が古く位置づけられるという逆の状態になっている。

どちらかの編年がまちがっているのか？　しかしながら現状で、両者の編年は一方からの視点で評価できるようなものではなく、両方の研究を踏まえて理解する必要がある。

黒姫山古墳の時期と器物埋納の背景

そうすると、黒姫山古墳の前方部石室の武装具は、埴輪が樹立される古墳築造の段階よりも新しい時期に用意され、納められたと考えなくてはならない。ならばそれは、これまで考えられてきた生前の被葬者の活動や管理に関わるようなものではないということになる。

古市古墳群の野中古墳（図43）は大王墓とみられる古市墓山古墳に接して計画的に配置され、大量の器物を埋納した（図44）陪冢《ばいちょう》であるが、あらためて考えると、この古墳もその主墳よりも後に築造されている。同様に、百舌鳥古墳群の大王墓、上石津《かみいしづ》ミサンザイ古墳の陪冢として大量の器物埋納をおこなう七観古墳も主墳より後出して築造されている（図19）。すなわち、古市・百舌鳥古墳群でも、大量の器物埋納はその主体となる人物の死後におこなわれたとみられるものがある。

従来、器物大量埋納施設は、主墳との明確な時期差があることはあまり意識されず、むしろ同時存在ないしは、やや後出する程度の築造を前提として理解されてきた。これらの古墳は政権の軍事組織をあらわすものとして、

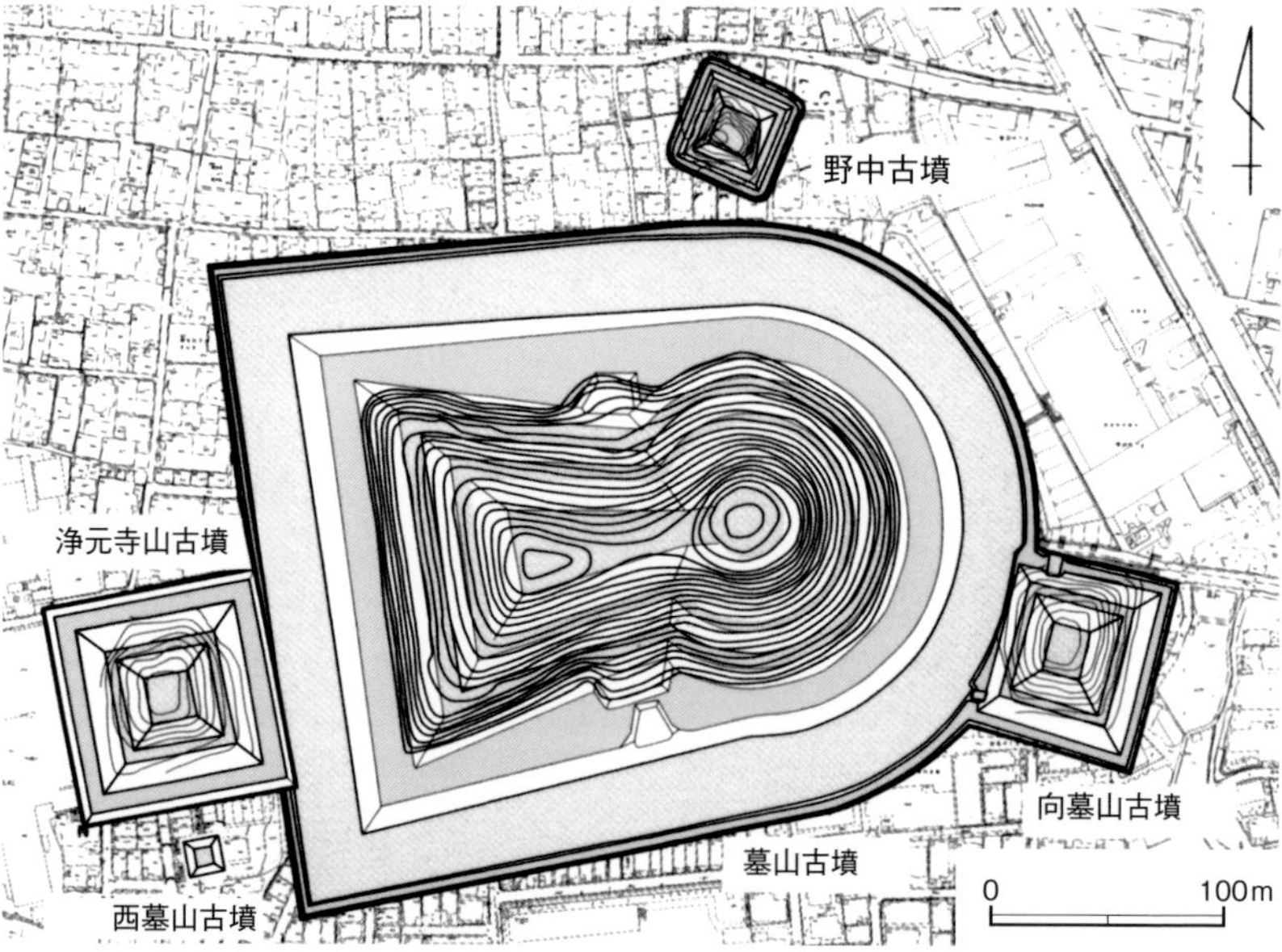

図43 ● 墓山古墳と野中古墳
野中古墳は古市古墳群の大王墓と目される古墳の一つ、墓山古墳の周囲に計画的に配置された陪冢である。大王に従属し、器物を大量に埋納する主体部のあり方から、中央政権の原初的官僚の出現に関わるものとみられる。

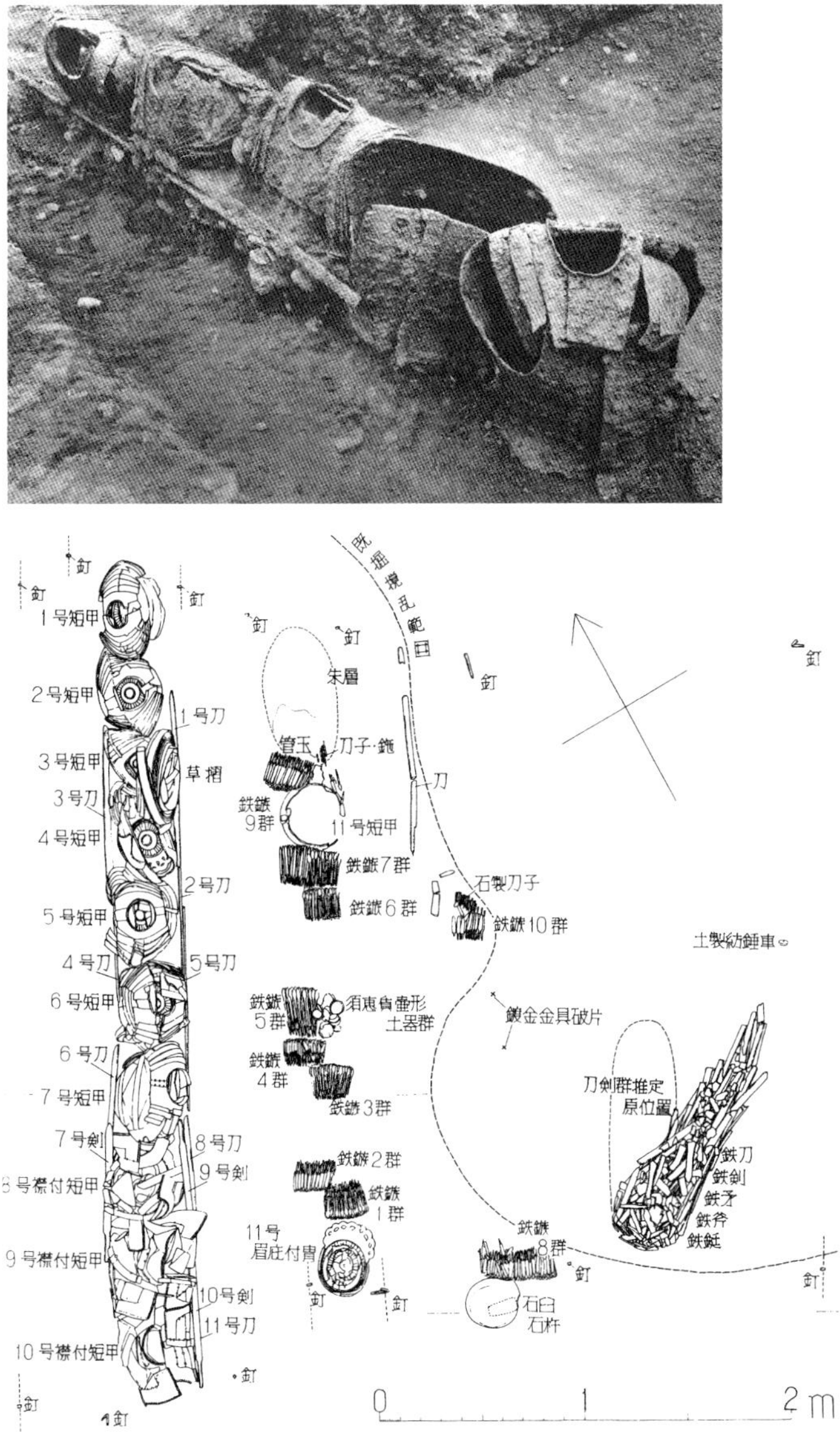

図44 ● 野中古墳の遺物出土状況

北野耕平氏による1964年の発掘調査で、11セットの甲冑が出土し、大量の鉄鏃や刀剣などの武器が出土した。同時に鉄鋌・鉄製農耕具・石製模造品・陶質土器など各種器物が納められており、TK216型式段階の基準資料である。北野氏は『河内黒姫山古墳の研究』作成の際に主として遺物のトレースを担当した。

この時代の政治構造の理解に関わってきたのであるが、実際に、黒姫山古墳でみると武装具を中心とする器物の大量埋納が、主体となる被葬者の生前の所有や管理にかかるものであったとはいえないのである。では、この大量の武装具は何をあらわしているのか。このことを考えるうえで、まずはこの時代の東アジア情勢を確認しておきたい。

2 「倭の五王」と巨大古墳と黒姫山古墳

倭の五王と古市・百舌鳥古墳群、黒姫山古墳の被葬者

黒姫山古墳の時代、それはまさに古市・百舌鳥古墳群において、史上最大級の前方後円墳がつぎつぎに造営された五世紀という時代である。この五世紀代は日本列島の政治権力を代表した王が中国、南朝の宋王朝に遣使したことが知られている。いわゆる「倭の五王」である。彼らは日本列島内の政治的統合を進めるとともに、朝鮮半島情勢をとりまく国際関係での優位性を確保するための地位の承認を宋皇帝に求めた。この倭国王たちは古市・百舌鳥古墳群に葬られているとみてまちがいない。

また、この遣使で宋王朝から地位を認められたのは倭国王だけでない。四三八年、倭国王珍はみずからの将軍号のほかに倭隋以下一三人にも将軍号を求めている。さらに四五一年、倭国王済は二三人に将軍号あるいは地方長官の地位をあらわす称号を求めた。

これらがどのような人物を対象としたのかはあきらかでない。しかし、倭国王とともに政権

の中枢を担った首長層、あるいは政権と連合した地域の有力首長などが候補となるだろう。古市・百舌鳥古墳群を構成する大王墓につぐ規模の古墳や近畿および各地域の大型古墳の被葬者が想定できる。黒姫山古墳の被葬者の地位は、このような将軍クラスが一つの目安になるだろう。

黒姫山古墳の築造期は、埴輪からみてTK二一六型式段階を中心として、前方部石室の武装具埋納時期はTK二三型式段階が想定される。この型式の実年代はいつなのか。簡単な問題ではないのだが、筆者は古墳時代中期の年代観を図19のように考えている。

TK七三型式段階はいくつかの資料から四一〇年代に接点をもつと

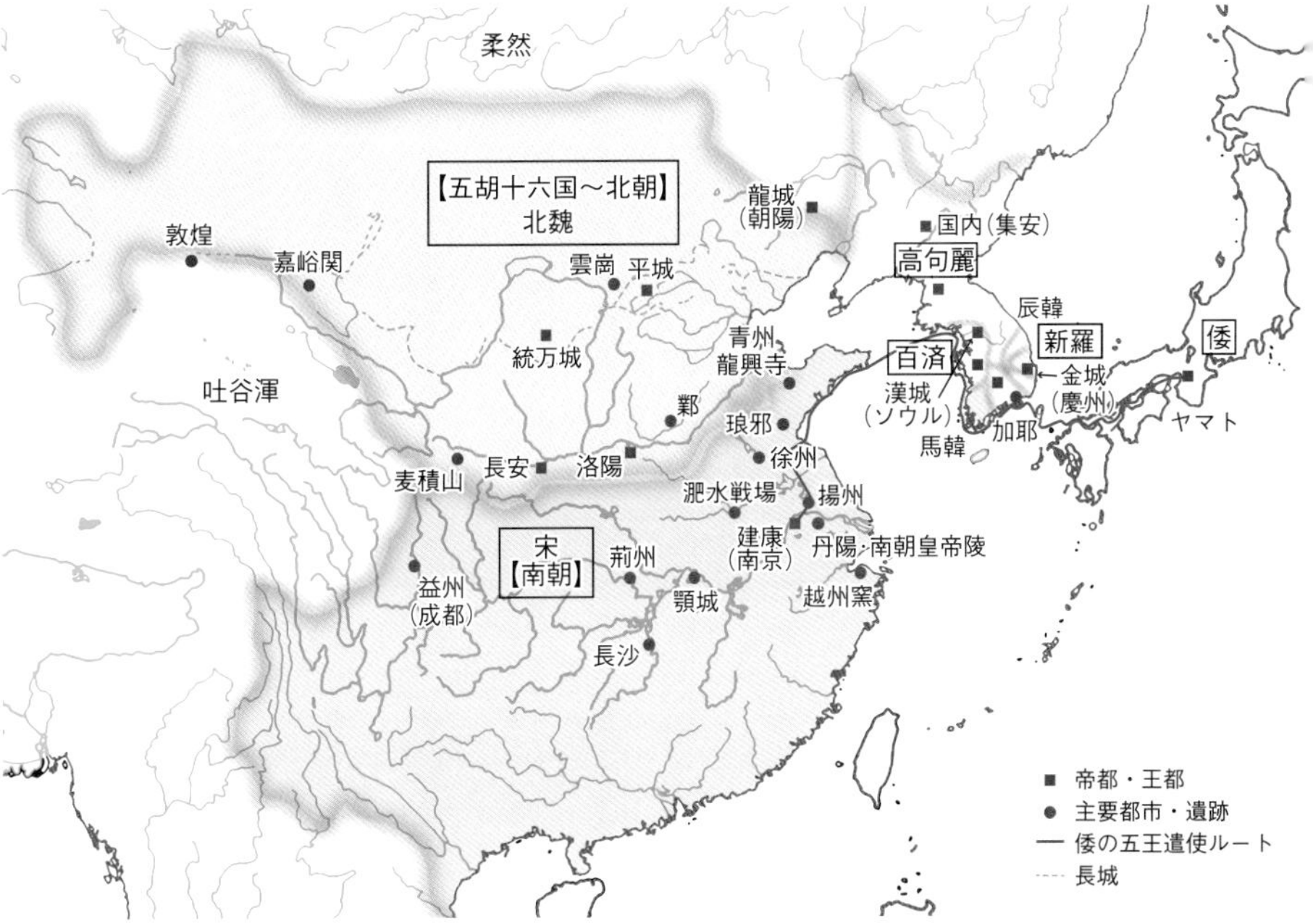

図45 ● 5世紀の東アジア
中国は魏晋南北朝時代、朝鮮半島は三国時代とよぶ東アジアの国家形成期である。頻繁な国家間の抗争・統合・分裂によって多くの人の移動・接触・交流が生じ、倭へも多くの渡来人がやってきた。4世紀後葉から朝鮮半島を南下する高句麗に対抗し、百済と倭は良好な関係を築いた。そのなかで、倭の五王は百済の支援を得て、揚子江流域の宋王朝の都、建康（現・南京）まで地位の承認を求めて使いを送った。

考えることは大きくはずれないとすれば、それに後続するＴＫ二一六〜ＯＮ四六型式段階は四二〇〜四四〇年代ごろ、おおむね五世紀第２四半期とみられる。また、四七〇年代にＴＫ二三型式と後続するＴＫ四七型式の境界がある可能性が高い。また最近、百舌鳥ニサンザイ古墳の調査によって、ＴＫ二〇八型式段階は四五〇年に近い年代に接点をもつ可能性も指摘されている。

倭国王讃の宋への遣使は四二一・四二五年におこなわれ、四三〇年も讃とみられる。済の遣使は四四三年におこなわれており、そのあいだは、四三八年に遣使した珍の時期である。上記のように年代観を整理できれば、黒姫山古墳の被葬者が仕えた倭国王には珍が浮かび上がる。この仮定が当を得ているなら、黒姫山古墳の被葬者は宋王朝から安東将軍を贈られた倭国王珍とともに将軍号を贈られた一人であった可能性も浮かび上がるだろう。

さらに、黒姫山古墳の埴輪は大仙陵古墳と並行する時期のものであることを先に述べた。すなわち、資料の年代、古墳の併行関係からすれば、最大の前方後円墳、大仙陵古墳の被葬者は倭国王珍である可能性がある。ただ、現状では年代論が確定したとはいいがたく、築造にかかる年次などを考慮すると、一代くらいは前後する可能性は想定できるため、讃や済などを想定する意見もあり、これには議論の余地はある（ただし、少なくとも大仙陵古墳が仁徳天皇陵でないことに関しては確かである）。

珍は宋王朝にたいして、朝鮮半島における軍事権をもった倭国王であることを自称し、「使持節都督、倭・百済・新羅・任那・辰韓・慕韓六国諸軍事、安東大将軍、倭国王」の官爵号を求めた。結果、称号はそのまま認められず、安東大将軍よりも下の安東将軍が与えられたのであるが、中国の王朝から軍事権を認められたことは倭国王権力を強大化させる梃子となり、また倭国王以外にも将軍号が与えられたことは、讃の時代以上に王権の伸張をあらわしている。

黒姫山古墳被葬者は、このような軍事・外交の時代に生き、倭国王の政権を支え、宋皇帝からも地位を得るような国際環境に身をおいた人物であったと理解してよい。となれば、宋王朝の軍事組織にもとづく身分秩序である府官制の情報には接しており、安東将軍としての倭国王珍を盟主とする幕府（宋王朝の外部組織）の幕僚であることを自認していたにちがいない。

東アジア社会のなかの甲冑と黒姫山古墳

ところで、同時代の東アジア社会をみた場合、中国や朝鮮半島諸国とともに倭も戦乱の時代であり、古墳出土武装具の普及がそれをあらわすとされてきた。そして従来、陪冢や中小古墳にみられる甲冑を中心とする武装具の大量埋納は、大型古墳に直属する軍事組織の統括者たるそれら古墳の被葬者の属する組織のもとでの管理体制、原初的官僚の成立をあらわすものとみられてきた。そこには、大量埋納の甲冑は宝器的な権威の表象ではなく、あくまでも軍事的目的のために管理・保有され、被葬者の社会的地位や職掌を反映するとの理解があった。

甲冑を中心とする武装具はたしかに軍事組織の象徴として近畿中央政権が配布し、それとの政治関係をあらわすものと考えられる。しかしながら、何年もの歳月をかけた巨大古墳を数多くつくる社会を戦争の頻発する不安定な社会とみることはできないだろう。実際に、帯金式甲冑の着用は身体の可動性を著しく制限するものであるし、日本列島内では防御施設などが発達せず戦闘の痕跡が稀薄である。東アジア諸国でも武装具の墓への副葬は厳しい戦闘の社会に起こるものではなく、軍事組織の未成熟な社会でこそ顕著な現象であり、多分に儀礼的な行為である。

倭における武装具は対外的な活動を名目とする軍事編成を口実にした政権側による政治的身分の序列化の道具として用いられたものであろう。

黒姫山古墳の甲冑があらわすもの、それは権力の象徴であり、儀礼的な要素の強い埋納であったとみなされる。であれば、この被葬者の生きた時代性からみれば、甲冑をはじめとする武装具は実際の軍事編成をあらわすものというよりも、出行図に描かれるような中国の府官制を体現する儀仗兵を揃えた権力を見せつけるための軍事パレード＝鹵簿《ろぼ》（**図46**）を倭国社会の状況に合わせて解釈し、転写したもの、それに用立てられたものを埋納したものではなかろ

図46 ● 鹵簿（安岳3号墳壁画）
高句麗に亡命した漢人、冬寿の出行場面の儀仗と護衛隊列を描いた古墳石室内壁画。軍事パレード＝鹵簿の模様、その隊列構成は中国社会の身分秩序をあらわす。冬寿は中央やや右側で馬車に乗る。

うか。

一埋納施設で甲冑を五領以上埋納（表2参照）するような武装具の大量埋納は五世紀前葉以降に顕在化する。このことは宋への遣使によって府官制や鹵簿といった中国的軍事制度の情報に接し、それ以前からあった儀仗を用いた古墳祭祀が刺激を受けたことで、さらなる拡大を引きおこしたことによるのではなかろうか。実用武具が埋納されたとか、軍事編成をダイレクトにあらわすといった見方はできないのである。ほかにも軍事では説明できない石製模造品や鉄製模造品といった大量の祭祀具埋納をおこなう古墳があることも、それをあらわしている。

また、黒姫山古墳の前方部石室に甲冑の埋納がおこなわれたのは珍の時代ではなく、TK二三型式段階、五世紀後葉の倭王武の時代である。珍の時期に活躍した被葬者はその将軍としての評価から武の政権によってあらためて顕彰される、そのような契機があったものと考えておきたい。それはこの古墳の築かれた丹比野地域の政治的重要性の高まりと黒姫山古墳以後に伸張した首長勢力が、五世紀後葉のいわゆる雄略朝の新たな政治変革にともなって軍事組織や宮廷警護などの重要な職掌を担うようになったことなどに関わると想定しておきたい。

3　勢力基盤としての丹比野

倭の五王に関しては、近世以来、多くの見解が提示されてきたが、倭国王珍を反正《はんぜい》天皇に比定することにはまず異論はないだろう（図47）。『日本書紀』によれば反正天皇の和風諡号は、多遅比瑞歯別天皇、タジヒミズハワケ大王である。名前にタジヒをもち、また丹比柴籬宮《たじひしばがきのみや》を構えたと伝える人物である。タジヒは、大阪平野南部の低い台地（河内台地）の中心部、黒姫山古墳を中心とする周辺の地名で、古代以降の史料には丹比、多治比、多遅比、丹治などの表記で登場する。

黒姫山古墳周辺は、大遺跡がひしめく河内平野の弥生社会からさほど遠くないにもかかわらず、弥生時代から古墳時代前期の遺跡は稀薄で、わずかに土器が出土する程度である。高燥な台地上に位置するこの地域は五世紀代までほとんど開発されていなかった。

ところが、五世紀になって、古市・百舌鳥古墳群のあいだの広大な地域に目がむけられるようになり、この時代に朝鮮半島からもたらされた堰堤《えんてい》・池溝《ちこう》による利水、新形式の耕作具を導入した開発がはじまった。黒姫山古墳の被葬者はこの新たな大地を拓いた開発者という性格をもち、古墳はこの地域の開発、新たな景観のシンボルになったと考えられる。

タジヒミズハワケ大王の丹比柴籬宮は、この丹比野の台地の北部、古市古墳群・百舌鳥古墳

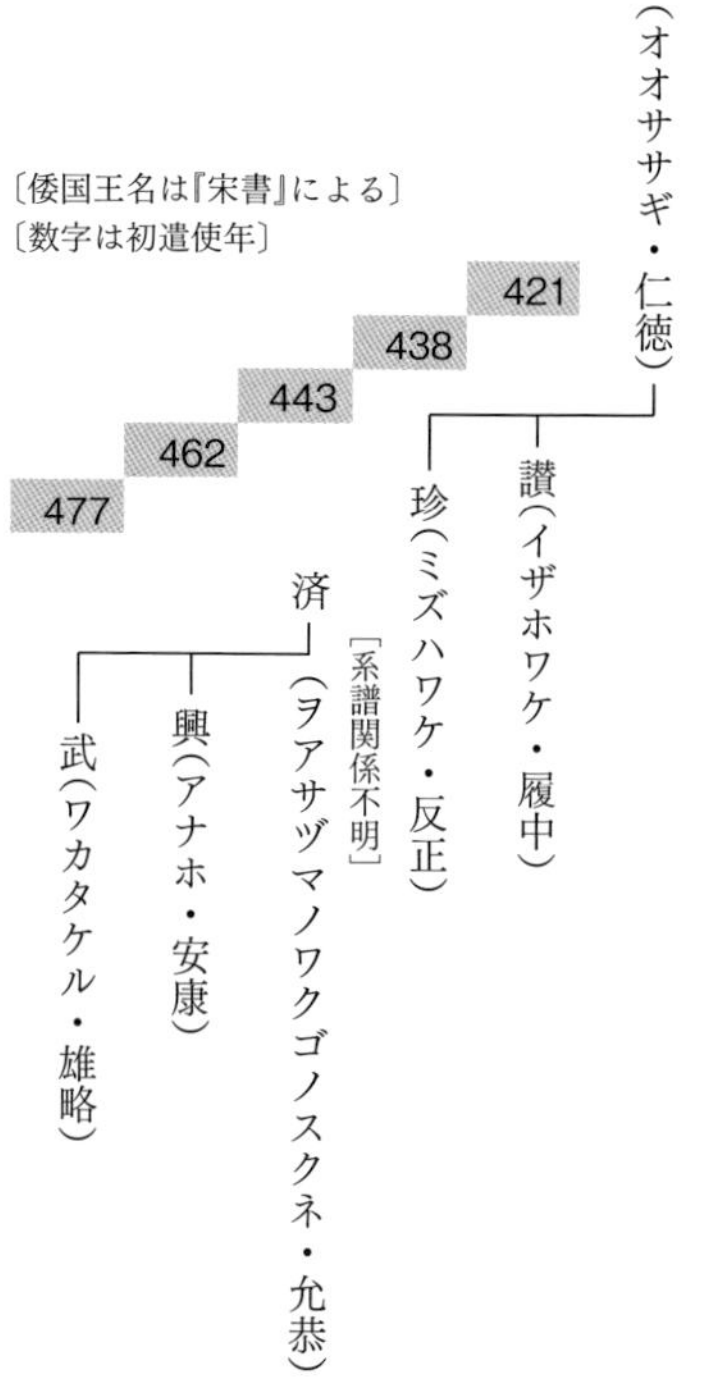

図47 ● 倭の五王と大王系図
『宋書』に記された南朝の宋王朝に使いを送った5人の倭王と比定される『記紀』に記された天皇。相互の対比はむずかしい。

群を結ぶ幹線道路である丹比道（竹内街道）と大津道（長尾街道）のあいだに比定される（**図2参照**）。現状でその実態は不明であるが、この大王の時代に政権中枢が関わって、あらたに丹比野の開発、経営による勢力基盤の形成、強化がはかられたものとみられる。

これに関連して注目されるのがまさに丹比の氏名《うじな》をもつ畿内有力氏族、丹比氏の存在である。平安時代の『新撰姓氏録《しんせんしょうじろく》』によると丹比氏の祖とされる丹比宿禰色鳴《たじひのすくねしこめ》は多治比瑞歯別命の生誕時から奉仕し、その名を奉った人物であるとの伝承が記される。丹比氏はさまざまな史料上からも軍事的性格の強い氏族であることが認められ、藤原宮以後、平城宮・平安宮の門に名を残した宮城警護をおこなう軍事の名門・門号氏族としても知られている。

五世紀の色鳴の実在性に関しては史料上の根拠は乏しい。それでもタジヒミズハワケ大王と丹比氏との深い関係を伝える所伝は黒姫山古墳の築造背景を考えるうえで魅力的である。また大伴氏と丹比氏が統率した中央政権の軍事組織、靫負《ゆげい》の成立が直木孝次郎氏などによって、倭王武の、いわゆる雄略朝にあたる五世紀後葉にさかのぼる可能性が考えられていることも、前節の最後に述べた新たな政治変革と黒姫山古墳の武装具埋納との関わりで注目したい。

黒姫山古墳に葬られた丹比氏の祖は、タジヒの名をもつ大王の時世にその信任をえて、畿内の有力首長に成長した。彼およびその勢力は、広域交流にもとづく外的情報に接し、広域の首長間ネットワークにおいて政治権力を行使する力を有し、丹比野の開拓・経営を主導し、また中央政権の軍事の一翼を担う武門としても成長した。そのような像を描くことができるだろう。

第6章　黒姫山古墳周辺をめぐって

1　古代丹比野の開発

黒姫山古墳以後の丹比野

黒姫山古墳の築造以後から古墳時代後期、六世紀代にかけて太井《たい》・真福寺《しんぷくじ》・丹上《たんじょう》・郡戸《こおず》・河原城《わらじょう》・岡二丁目・立部《たつべ》といった黒姫山古墳の周辺地域で小古墳群が発掘調査されている。これら古墳の被葬者も新たな開発を進めた丹比野の開拓者たちであろう。丹比氏の一員として構成される、あるいは軍事組織の一員であったことも考えられるだろう。

そして六世紀中葉には三キロ北に、三三五メートルの墳丘長を誇る全国第五位の巨大前方後円墳、河内大塚山古墳が築造される（**図48**）。横穴式石室であり、埴輪や葺石をもたないことが推定されているが、なぜ丹比野に前方後円墳築造の最終段階のこのような巨大古墳が出現したのかは難しい問題である。十河良和氏は堺市の日置荘《ひきしょう》西町埴輪窯およびその埴輪の分析から、この古墳が未完成に終わった真の安閑《あんかん》大王陵である可能性を提示している。古墳に関する直接的な資料が少ない現状でのなかもっとも魅力的で説得力のある説である。

ともかく、大阪平野最後の巨大古墳が古市・百舌鳥古墳群の中間に位置する丹比野の地に築造されたのも、黒姫山古墳にはじまった開発の進展といっそうの政治的重要性の高まりを反映したものであろう。

古代丹比野の開発と多治比氏

黒姫山古墳の東・西には丹比野の開発に大きくかかわる東除川《ひがしよけがわ》と西除川《にしよけがわ》が南から北に流れ広い地域を潤している。その源流にあり、流れを制御するのが狭山池《さやまいけ》である。

一九九〇年代から狭山池は調整ダムとしての改修にともなって発掘調査がなされ、コウヤマキでつくられた、この池でもっとも古い樋が年輪年代測定法によって六一六年に伐採されたものであることが判明した。七世紀以降、狭山池から流れる水は北にひろがる丹比野の台地を潤して広大な地域の水田化を実現していった。そして水路とともに交

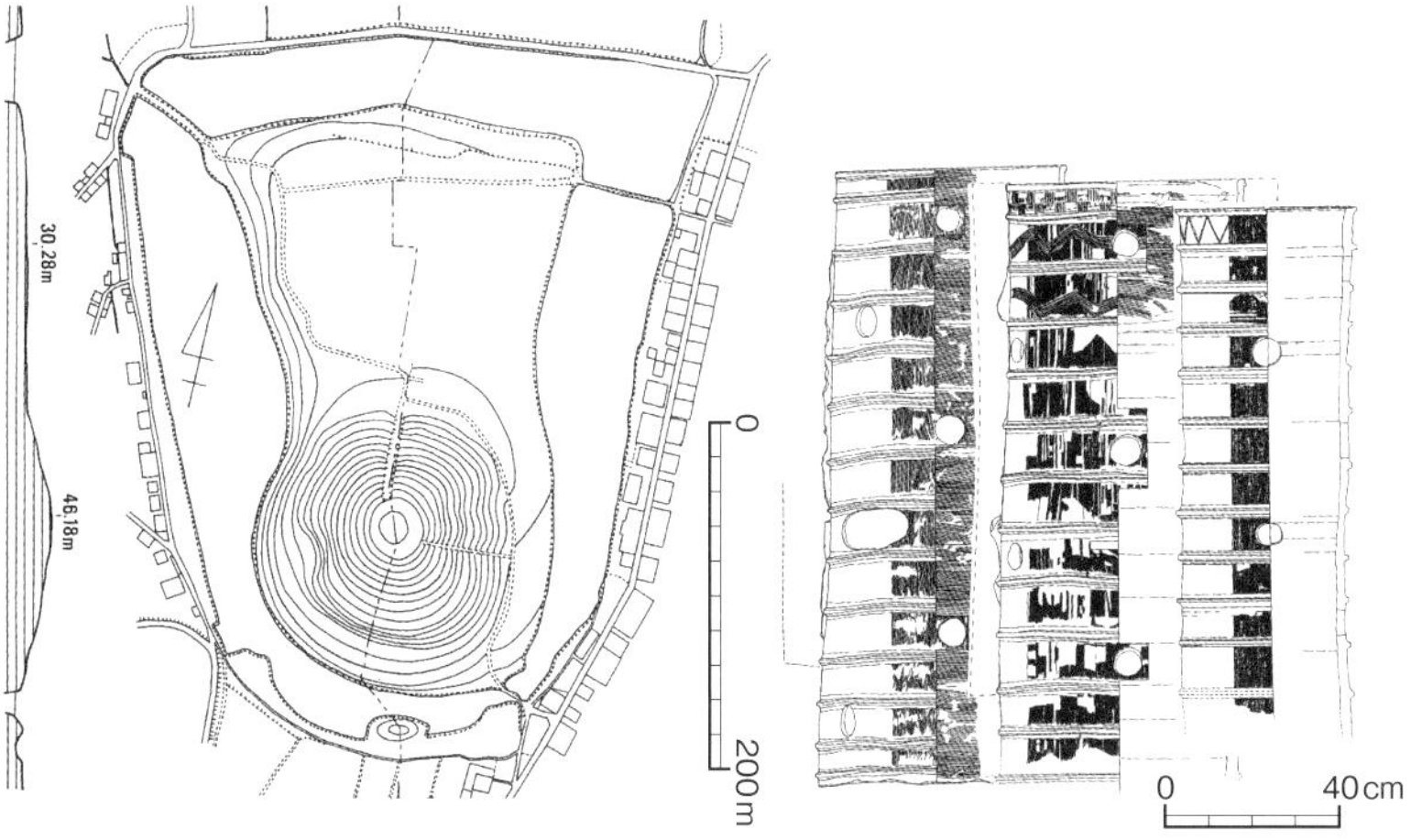

図48 ● 河内大塚山古墳と日置荘西町窯系埴輪
6世紀中葉、大阪平野最後の大型前方後円墳は丹比野に築造される。日置荘西町窯系埴輪はこの古墳に樹立するために用意されたが、途中で変更になり樹立に至らなかったものと考えられる。

通路も整備され、飛鳥と難波、茅渟県《ちぬのあがた》（和泉国）を結ぶ政治・経済の要衝としての役割を増していき、活気づいたこの地域では飛鳥時代以降の数多くの遺跡が確認されている（図49）。

要衝の地となり、畿内地域のなかでも開発の余地のあった丹比野は七世紀になると新たな有力氏族がここを本拠として活動を活発化させる。多治比氏の登場である。

タジヒを冠する氏族には、前述の五世紀にさかのぼり、黒姫山古墳との関係が想定される軍事的性格の強い在地豪族化した氏族に加えて、七世紀に姿をあらわす大王家から分派した皇別《こうべつ》氏族の二者がある。これらは互いに「丹比」・「多治比」どちらの表記も用いられるが、一般に両者を区別する上で、より多く用いられる字から前者を丹比氏、後者を多治比氏と表記する。また前者の姓《かばね》は連《むらじ》で丹比連、後者は真人《まひと》で多治比真人である。

新たに登場する多治比氏は宣化《せんか》天皇に出自をたどるとされ、七世紀後葉の持統朝で臣下最高位に至った左大臣・多治比真人島《たじひのまひとしま》を排出して以降、大納言・池守《いけもり》、養老の遣唐押使で中納言に至った県守《あがたもり》、天平五年の遣唐大使で中納言に至った広成《ひろなり》など、奈良時代前半期を中心に朝廷の有力官人を多数輩出している。彼らはこの地域を本拠として勢力を拡大した。

黒姫山古墳から南へ一・二キロの平尾遺跡は、飛鳥と和泉国を結ぶ茅渟道《ちぬみち》に沿い、難波にむかう分岐点にも接している。七世紀後半〜八世紀前葉を中心として奈良時代前半期までの正庁的建物や倉庫群に推定される一〇〇棟もの建物が確認されており、丹比郡衙もしくは多治比氏の邸宅とする見方がある。建物配置や遺物からは官衙的性格が強くみられるとともに、その盛期が多治比氏の活躍期に重複しており、政治的要衝としての位置と多治比氏の活躍による丹比

◀**図49● 黒姫山古墳周辺の古代・中世遺跡の分布**
7世紀、黒姫山古墳から南4.5kmにある狭山池が構築され、その水で潤されて丹比野は大きく開発が進んだ。白鳳寺院が密集し、多治比氏に関わるとみられる遺跡も近在する。水田を方形に区画する条里制が平安時代には導入されていたことが文献でみとめられ、1970年代までは条里地割りが明瞭に残存していた。また、この地域は中世、河内鋳物師の活動の舞台となる。

丹上
丹上遺跡
櫟本神社
式内社
真福寺跡
真福寺
今井
法雲寺
西除川
大保廃寺
泉福寺跡
(長和寺)
大保遺跡
大保
真福寺〈黒山〉遺跡
古代瓦窯・
中世梵鐘鋳造遺構
河原城遺跡
黒姫山
多治井
黒山廃寺
太井
丹比神社
式内社
下黒山
(黒山下郷)
東除川
太井遺跡
古代鋳造
丹比廃寺
徳専寺跡
余部遺跡
鋳造工房群
城館・屋敷
平尾遺跡
掘立柱建物群
(丹比郡家 or
多治比氏居宅)
北余部
上黒山
日置荘遺跡
茅渟道
平尾
南余部

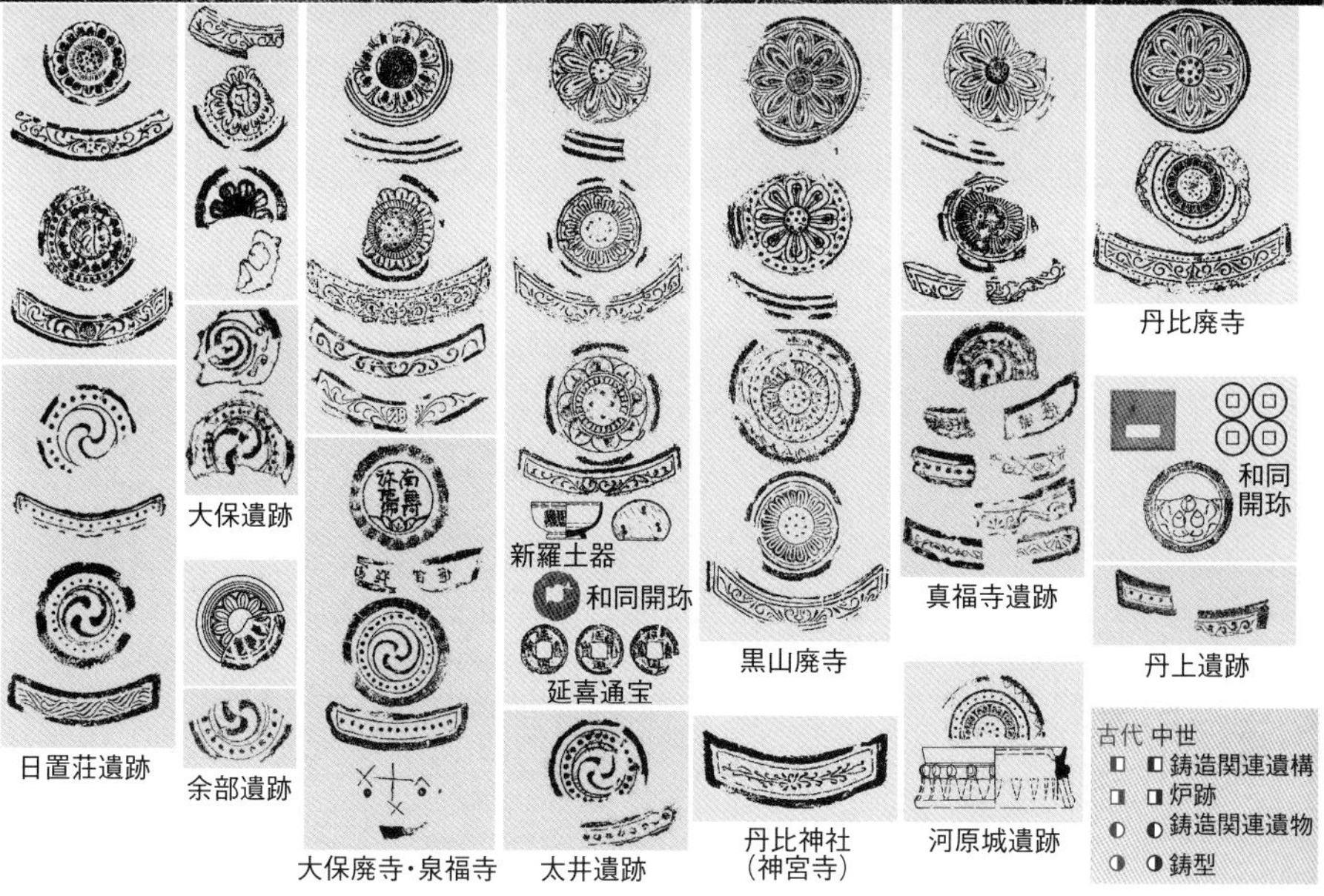
日置荘遺跡
大保遺跡
余部遺跡
大保廃寺・泉福寺
新羅土器
和同開珎
延喜通宝
太井遺跡
黒山廃寺
丹比神社
(神宮寺)
真福寺遺跡
河原城遺跡
丹比廃寺
和同
開珎
丹上遺跡
古代 中世
鋳造関連遺構
炉跡
鋳造関連遺物
鋳型

郡の重要性の高まりに相応する遺跡であろう。

黒姫山古墳の南西約三五〇メートルの太井遺跡では、奈良時代の建物や周辺遺構にともなって、トリベ・鞴《ふいご》の羽口《はぐち》といった銅鋳造関連遺物が出土した（図50下）。さらに和同開珎や統一新羅土器（図50上）が出土しており、渡来系氏族が関わる鋳造工房が営まれたとみられる。

多治比真人三宅麻呂《みやけまろ》は七〇八年（和銅元）に催鋳銭司《じゅせんし》として和同開珎の鋳造責任者となり、七〇九年（和銅二）には官職として河内鋳銭司がおかれた。以後も多治比氏には代々、鋳銭司の要職に就く者が多く、多治比氏の所管下に河内鋳銭司がある可能性は高い。太井遺跡が鋳銭司かどうかは確定できないが、多治比氏を介してこの地域に移植された鋳造工房ではあろう。

黒姫山古墳の東二〇〇メートルには多治比氏の氏寺の可能性がある黒山廃寺があり、さらにその東一キロには丹比氏の氏寺と推定される丹比廃寺《たんぴはいじ》がある。黒姫山古墳の北三〇〇メートルには河内の渡来氏族の氏寺に用いられた善正寺式の軒丸瓦が採集されている大保廃寺・泉福寺跡がある。また、黒山廃寺と丹比廃寺のあいだには式内社の丹比神社《たんぴじんじゃ》があり、これも奈良時代にさかのぼると考えられる。

黒姫山古墳に近接するこれらの寺院は、七世紀後葉に創建され、前二者は八世紀代に平城宮と共通する瓦を採用するなど、この地域の開発が律令体制下の朝廷、有力氏族との関わりで推し進められたことをあらわしている。

これらの遺跡は丹比野の中心地域が五世紀代にはじまった開発の上に、七世紀前半代の狭山池の築造による画期をへて、七~八世紀には割拠する有力氏族の勢力基盤を支える新たな開拓の大地であったことを物語っている。

　大規模な狭山池の造営に関わる技術や動員を考えると、それは在地社会で生み出されたものではなく国家的プロジェクトであったとみなされよう。七世紀後半以降、先に在地豪族化した丹比氏はその活動が記録上では顕著ではない。一方の多治比氏は七世紀後半から上位官人としてあらわれる。狭山池造営以後の丹比野の開発を主導したのは多治比氏とみてよいであろう。

　多治比氏は奈良時代の朝廷では中央貴族として地位を確立していたが、藤原氏への権力集中にともなって政争に巻き込まれ、七五七年の橘奈良麻呂《たちばなのならまろ》の乱への関与以降、その存在は目立たないものとなっていった。また都が飛鳥から平城京、さらに長岡京・平安京へ遷るとともに都か

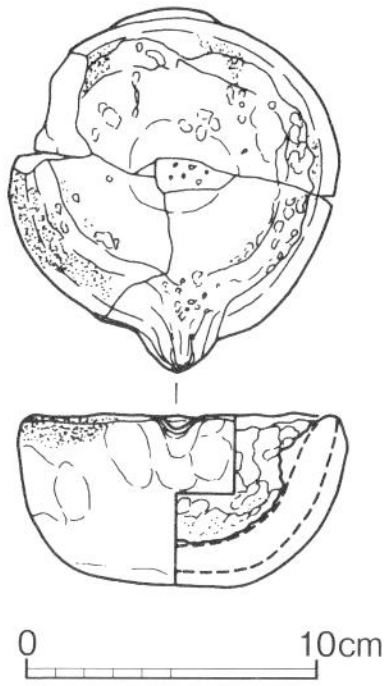

図50●太井遺跡の遺物
上：統一新羅土器、下：溶けた銅を鋳型へ流し込む容器・トリベ。奈良時代の鋳造関連遺物が出土しており、多治比氏と関係の深い河内鋳銭司との関連が推定できる。7世紀後半の統一新羅土器が出土し、鋳造品生産の開始に多治比氏を媒介とした渡来系技術者の参入が考えられる。鋳造関連物としてほかに鞴の羽口、被熱粘土塊があり、また工房遺構内から和同開珎が出土している。近くから官人の帯の装飾、石製丸鞆（まるとも）なども出土している。

らの距離が離れ、やがてこの地域の政治的重要性は低下していったものと考えられる。

平安後期の仏教と僧侶たち

黒姫山古墳から北西一・一キロにある平松寺には「大永四年（一五二四）」「長和寺《ちょうわじ》」銘をもつ石塔石材が現存し、長和年間（一〇一一～一〇一五年）に三条天皇の御願寺として造営された長和寺の後身だと推定されている。また、この寺には平安後期、一一世紀後半と推定される定朝《じょうちょう》様式の半丈六《じょうろく》薬師如来像が伝存している。

一一七二年（承安二）、長和寺僧の良尊《りょうそん》は、平清盛と関係の深い厳島神社神主の佐伯景弘から依頼を受けて、近郷の丹南郡黒山郷の学音寺・花林寺・薬師寺、丹北郡松原の法源寺・大源寺、石川郡山城の定福寺の僧と京都に入り、厳島神社僧三名とともに建礼門院の立后奉謝、懐妊祈願、平氏一門繁栄祈願の写経をおこない厳島神社に納めた。

長和寺以外では、薬師寺は黒山廃寺の可能性が高く、法源寺が松原市立部付近に推定されるが、ほかの寺院は決め手がない。ただ丹比野には現在、平安時代以来の名刹がないにもかかわらず、平安仏が一二体も伝存しており、一二世紀ごろには仏教拠点として繁栄していたことは確かである。これらの仏像がここに列記された寺院のものであった可能性は十分考えられる。

また、古美術界では著名な「泉福寺焼経」とよばれる河内国泉福寺に伝来した装飾華厳経がある（**図51**）。平安時代後期、一二世紀のものとみられ、巻首に「泉福寺常住」の朱印があり、藍紙に金の切箔を散らし、金界《きんかい》の内に端正な楷書体で写経されている。上下に焼け跡があり、いずれも短い断簡となって各所に所蔵されている。装飾経は権勢を誇った貴族や大寺社の作成によるものであるから、平安後期に泉福寺が相当の勢力を保持していたことが考えられよう。

河内国泉福寺に関しては情報が少なく異説もあるが、黒姫山古墳の北三〇〇メートルにあった大保廃寺とみてよい。この泉福寺跡では平安前期〜鎌倉時代の瓦が採集されており、また その後裔の西福寺には平安時代前期一体、平安後期二体の仏像がその繁栄を伝えていた。

ちなみに現在は廃却されてしまったこの西福寺本堂が黒姫山古墳の第二次調査の際に森浩一氏らが布団もないなかで、寒さをこらえながら寝泊まりした宿舎である。

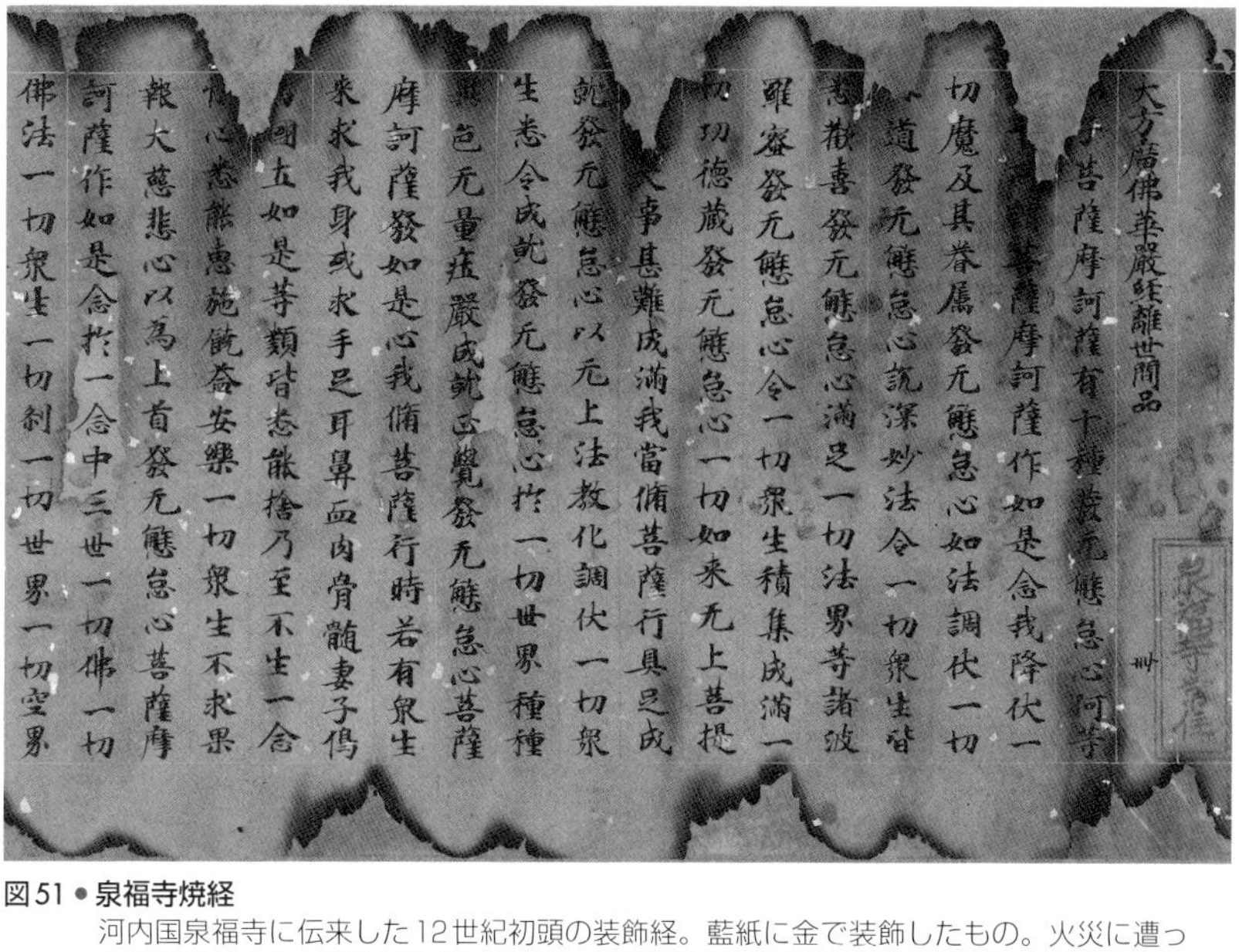

図51●泉福寺焼経

河内国泉福寺に伝来した12世紀初頭の装飾経。藍紙に金で装飾したもの。火災に遭った焼け跡があり、戦後骨董界に流れた。泉福寺は7世紀後半創建の大保廃寺と考えられる。泉福寺伝来と推定される平安前期作の阿弥陀如来像も現存する。同寺は中世に河内鋳物師の拠点寺院となり、叡尊が受戒をおこなうなど古代〜中世に繁栄した。重源との関係をあらわす「南無阿弥陀仏」の文字を刻む軒丸瓦も確認されている。かつては瓦など多量の遺物が散乱していたといい、森浩一氏が黒姫山古墳を訪れるようになったのは、大保集落在住で（旧制）堺中学校の同級生だった光田榮宏さんから、この遺跡のことを聞いたことがきっかけだったらしい。

2　河内鋳物師と中世的景観

河内鋳物師

　このような歴史環境のうえに丹比野の人びとが新たな表舞台に登場する時代がやってくる。河内鋳物師《かわちいもじ》あるいは丹南《たんなん》鋳物師とよばれた技術者集団の活躍である。丹比郡は平安時代に丹北《たんぼく》郡と丹南郡に分かれるが、鋳物師たちの多くは河内国丹南郡を本拠とし、その中心は黒姫山古墳の近在の集落であった。

　河内鋳物師には、「河内鍋」ともよばれた鍋釜を中心とする鋳鉄金物の生産者、梵鐘を代表とする青銅仏具の生産者がおり、朝廷から課役免除と通行自由の特権をえて、各地で物資販売や出吹きとよばれる出張生産をおこなう者がいた。

　史料上では一一世紀代には「河内鍋」が諸国産物としてあらわれ、河内鋳物師の活動がはじまっていたことがうかがえる。全盛期は鎌倉時代の一二世紀後半から一四世紀前半であり、一三世紀後半以降は各地へ分散し、また一四世紀半ば以降は本拠も港のある堺やその周辺に移る。そして彼らの後裔がのちに堺鉄砲や堺の金物生産の担い手になっていくのである。

　梵鐘を中心とする河内鋳物師の作品には居地を「河内国」、「河内国丹南郡」、「河内国丹南郡黒山郷」、「河内国丹南郡黒山郷下村」などと刻んでおり（図52）、工人には丹治比《たじひ》や丹治《たんじ》姓の表記もある。丹治は丹比・タジヒが転訛したものであり、その工人集団は黒山郷、すなわち黒姫山古墳をみとおせる地域を中心に居住していたのである。

河内鋳物師のなかでも草部《くさかべ》を姓とする者は俊乗坊《しゅんじょうぼう》重《ちょう》源《げん》との関わりが深く、東大寺再興への参加をはじめ重源の関連寺院へ多くの鋳造品を納めたことが知られる。

重源は一二〇二年（建仁二）、狭山池の改修を主導しているが、この事業は下流域の民の願いに発するものであったことが『狭山池改修碑』に記されている。まさにその恵みを享受したのが河内鋳物師たちの集落であり、重源と彼らの強い結びつきをあらわしている。この後、一三世紀代に丹比野では遺跡数が増え、また河内鋳物師の活動が隆盛をきわめることに結びつく。

河内鋳物師の一人、丹治久友《たんじひさとも》は高徳院のいわゆる鎌倉大仏（**図53**）鋳造の中心人物である。彼はほかにも複数の梵鐘に名を残す活躍をした。また相模国毛利荘（現・厚木市）に移住し、鎌倉の建長寺・円覚寺・長谷寺、金沢称名寺などの梵鐘を鋳造

図52 • 長勝寺梵鐘
香川県小豆島町所在。1275年、河内国丹南郡黒山下郷在住の平久末が鋳造したことを銘文に刻む。13世紀後半の梵鐘鋳造遺構が検出された真福寺〈黒山〉遺跡はまさに、この黒山下郷（現・下黒山）である。

した物部氏など、ほかにも関東に移住し、名を残した者がいる。

河内鋳物師が関東へ活動をひろげる契機には鎌倉幕府と近い西大寺流律宗との関わりがある。律宗の祖、叡尊《えいそん》の行状記『金剛仏子叡尊感身学正記』によると、一二四六年（寛元四）から一二八二年（弘安五）ごろ、叡尊は大阪南部で積極的に布教活動をおこなっており、その主たる舞台は西琳寺《さいりんじ》（羽曳野市）、土師寺《はじでら》（藤井寺市、現・道明寺）と泉福寺、真福寺であった。

叡尊は一二五二年（建長四）夏に泉福寺、一二五四年（建長六）三月には真福寺に滞在し、延べ二二〇人に戒律を授けた。両寺の長老には叡尊の高弟が就き、真福寺にはのちにも二度訪れている。両寺は河内鋳物師の本拠地、黒姫山古墳の北側で隣りあう集落にあり、叡尊の布教を契機に西大寺の末寺となり、のちには幕府の関東祈祷所にもなる。

重源や叡尊は新たな布教や経済基盤として河内鋳物師をとり込み、また鋳物師たちも相応の利益を得た。それは丹比野の地をおおいに潤すことにもつながったのである。

図53 ● 鎌倉大仏

1252年、高徳院の大仏は河内鋳物師の丹治久友を中心として造立されたと考えられる。久友は大仏造立後、「新大仏鋳物師」を名乗っている。河内鋳物師は鎌倉幕府や西大寺流律宗と結びつき関東でも活躍した。

鋳造遺跡

　かつて河内鋳物師に関する資料は限られた文献と伝存作品のみであった。ところが一九八〇年代以降の発掘調査では実際に彼らに関連する遺跡があきらかになってきた。真福寺〈黒山〉遺跡・日置荘遺跡・余部《あまべ》遺跡などの成果である（図54）。

　真福寺〈黒山〉遺跡内では一三世紀後半を中心とする梵鐘鋳造遺構および梵鐘鋳型、溶解炉・鞴《ふいご》羽口・坩堝《るつぼ》・鉱滓《こうさい》といった鋳造工程に関わる遺物、馨《けい》、鉄鍋、羽釜、湯釜などの鋳型が出土した。その出土地点の地籍は黒山であり、下黒山地区である。

　建治元年（一二七五）銘の香川県長勝寺の梵鐘には「河内国舟那郡（丹南郡）黒山郷下村住人平久末」がみえる（図52参照）。黒山郷下村は現在の下黒山であり、真福寺〈黒山〉遺跡の工房はこの梵鐘と同時期であるから、

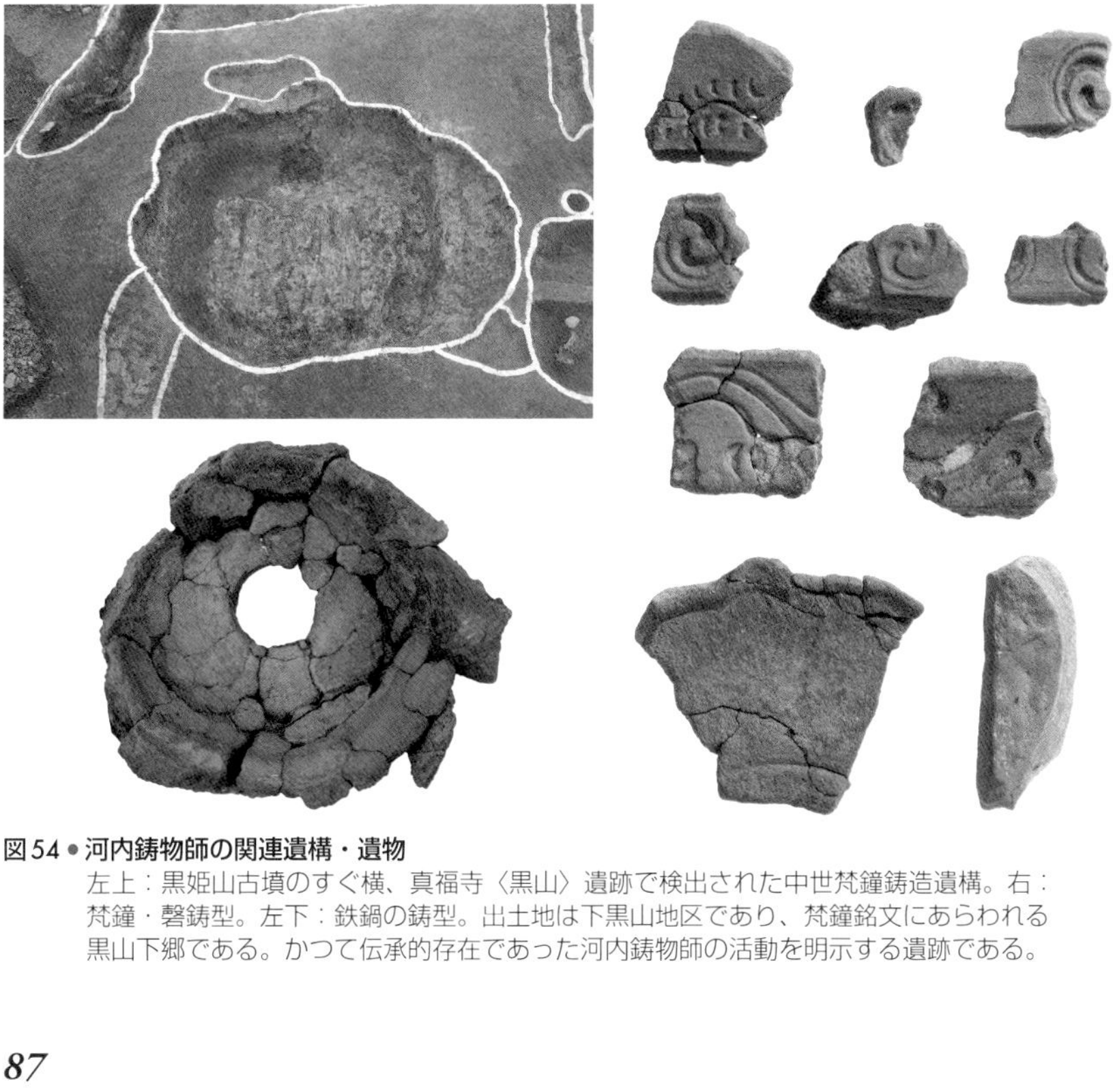

図54 ● 河内鋳物師の関連遺構・遺物
左上：黒姫山古墳のすぐ横、真福寺〈黒山〉遺跡で検出された中世梵鐘鋳造遺構。右：梵鐘・磬鋳型。左下：鉄鍋の鋳型。出土地は下黒山地区であり、梵鐘銘文にあらわれる黒山下郷である。かつて伝承的存在であった河内鋳物師の活動を明示する遺跡である。

ここがまさに平久末の関わった工房であってもおかしくない。

余部・日置荘遺跡では一二世紀から一四世紀前半までの大溝で区画された有力者層の屋敷地とその周囲で鋳造土坑や鍋の鋳型・羽口・鉱滓などが出土し、鉄の精錬・鋳造・鍛造、銅の精錬・鋳造といった金属工房の存在をあきらかにした。一三世紀中葉を最盛期とする屋敷は河内鋳物師を掌握した有力者のものと考えられている。また、ここでは一三〜一四世紀の鉄瓶、羽釜鋳型などのほか、平安末期にさかのぼる仏具・磬の鋳型も出土している。

周辺では松原市観音寺遺跡・岡遺跡、堺市八下《やしも》遺跡などでも中世の鋳造関連資料が出土し、河内鋳物師の活動があきらかになりつつある。そして、伝存作品のピークと重なるように、鋳造関連遺物は一二〜一四世紀前半、遺構は一三世紀代を中心として確認されている。

やがて、鋳物師たちは流通拠点の堺などに拡散して集落は解体するが、内陸部にある河内国丹南郡になぜ鋳造技術者達の集落が栄えたのであろうか。

一つには土型の原材料として河内砂ともよばれた良質の鋳物土が採取できたことが知られている。しかし、それら物質面のみで説明することは難しい。やはり、この地域の歴史環境のなかにその答えが求められるのではなかろうか。現状では文献史料・考古資料で、その継続性が確認できないものの、古代氏族の多治比氏が鋳銭司にも関わって移入した金属加工技術、鋳造技術者集団が後にも継承されていた可能性を考えたいのである。現状では奈良時代の太井遺跡で銅製品生産、河原城遺跡での鉄器生産の確認にとどまるが、周囲には平安時代に寺院が多数存在したのであるから、この地で仏像・仏具・金具などをはじめとした金属製品の生産がつづいていた可能性は高く、それらを母体に中世には飛躍的な発展を遂げたものとみられる。

重源、叡尊たちも黒姫山古墳を目印としてこの地を歩き、新たな光を当てた。重源との関わりで河内鋳物師は宋の工人とも接触し、その技術は飛躍を遂げた。しかし、やがてこの丹比野の地は南北朝期に楠木方の最前線になるといった動乱をへて、堺やその周辺、また全国各地に、河内鋳物師は拡散して、中世的技術者集団の集落はその役割を終え、農村へと姿を移していったのである。

3　現代に語りかけるもの

近世的農村景観

この地域の江戸時代に形成された集落景観は、一九七〇代ごろまできわめて明瞭に残っていた（図55）。近世段階における田畑の八割以上が水田で、狭山池から流れる用水を池に溜めて利用した。近世以降、長いあいだ、この地域の景観は村落、水田、池が象徴となった。

黒姫山古墳の周濠も「はかの池」として狭山池から流れ出る水の溜池として周辺の水田を潤した。黒姫山古墳をランドマークとする農村景観も漠然とできあがったものではなく、この古墳の築造を契機とする生産基盤の開発のうえに形成されてきた歴史的産物なのである。

あたりは一面水田。春にはレンゲ畑が広がり、空にはヒバリがさえずり、やがて狭山池から流れてきた水が一面をおおいつくし、田植えがはじまる。夏は緑におおわれ、さまざまな生きものが命を育み、秋には黄金色の稲穂が首を垂れ、冬は稲株と干された藁。四季ごとに表情を変えながら、季節はめぐってゆく。そんな景色のなかに緑の小山はぽっこりと浮んでいた。

ふだんは周囲に水をたたえて立ち入ることのできない黒姫山古墳であるが、一九七六年と一九七七年の冬には環境整備の名目で濠の水を抜いていた。周囲の集落に住む子どもたちは休日などに密かに古墳に入ることができた。古墳のなかは草木が生い茂り、さながらジャングル探検の気分であった。大保集落で生まれ育った私もそんな探検隊の一員だった。

墳丘の斜面にはテラス状に歩きやすいところがあり、てっぺんには大きな穴があった。埴輪をみつけた人もいる。大昔の墓だとの話も聞いたが、子どもたちは考古学という言葉さえ知らなかった。やがて黒姫山古墳は水にかこまれ、いまも静寂を保っている。

失ったものと得られたもの

五世紀の開発から進んできたこの歴史的農村景観も、一九八〇年代以降の開発の波によって大きく変容しつつある（**図56**）。黒姫山古墳をかすめるように高速道路・阪和道がつ

図55●開発前の黒姫山古墳周辺
1969年12月5日撮影（末永雅雄 1980『古墳の航空写真集』）。丹比野の農耕を基礎とする歴史景観を残していたころ。この後、この写真中心部に高速道路がつくられた。

くられ、利便性や経済効果といった多くのものをもたらした一方で、豊かな田園地帯の空気はあきらかに、かつてのものとは異なっている。狭山池から流れ出た水で潤された小川はコンクリートで蓋までつくられ、もう子どもたちが生きものを追うことはできない。一五〇〇年かけて育まれた豊かな歴史的景観は自然と人の営みの多様な関係性から成り立っていたが、その多くが姿を変えていった。

発掘調査によって得られた数多くの考古資料、歴史情報はこれらと引き換えに得られた副産物である。教科書のなかの日本史ではなく、この地域に生きたさまざまな人びとの痕跡が数多く見出され、豊かな地域史が描けるようになった。旧美原町の尽力によって、黒姫山古墳は一九九三年に公園整備され、二〇〇三年にはすぐ近くに、みはら歴史博物館（M・Cみはら）がオープンした。古墳の現地や博物館での体感をつうじて、より多くの人びとに巨大古墳の実像やその時代、この地域の歴史の面白さが伝わることを願わずにいられない。

図56●現在の黒姫山古墳
2020年1月1日撮影。黒姫山古墳は史跡公園として整備された。高速道路部分が真福寺遺跡、太井遺跡などである。周辺の発掘調査は進み、多くの歴史情報が得られたが、黒姫山古墳の築造以来形成されてきた周囲の農村景観はわずかになった。

主要参考文献

上田宏範　一九六八「伴林光平『巡陵記事』考」『帝塚山考古学』No.1　帝塚山考古学研究所

上田　睦　二〇〇三「古墳時代中期における円筒埴輪の研究動向と編年」『埴輪論叢』五号　埴輪検討会

上田　睦　二〇〇三「丹比廃寺式軒瓦と多治比野の開発」『関西大学考古学研究室開設五拾周年記念　考古学論叢』下巻　同刊行会

大阪府教育委員会　一九五八『河内黒姫山古墳の研究』

小栗明彦　二〇〇七「蓋形埴輪編年論」『埴輪論考Ⅰ―円筒埴輪を読み解く―』大阪大谷大学博物館報告書第五三冊　大阪大谷大学博物館

近藤義郎ほか　一九五八『考古学の基本技術』考古学研究会

堺市教育委員会　二〇一八『百舌鳥古墳群の調査11　ニサンザイ古墳発掘調査報告書』

佐佐木信綱　一九四四「巡陵記事」『伴林光平全集』湯川弘文堂

鋤柄俊夫　一九九九『中世村落と地域性の考古学的研究』大巧社

末永雅雄　一九七〇『古墳の航空大観』学生社

末永雅雄　一九八〇『古墳の航空写真集』学生社

瀬川　健　一九七六「美原町所在平尾遺跡の構造について」『古代を考える2　平尾遺跡の検討―推定丹比郡郡衙遺跡―』古代を考える会

十河良和　二〇〇七「日置荘西町系埴輪と河内大塚山古墳」『埴輪論叢』六号　埴輪検討会

十河良和　二〇一五「黒姫山古墳の後円部埋葬施設に関する一試論」『河上邦彦先生古稀記念献呈論文集』同記念会

高木恭二　一九九四「九州の刳抜式石棺について」『古代文化』四六―五（財）古代学協会

高橋克壽　一九八八「器財埴輪の編年と古墳祭祀」『史林』七一―二　史学研究会

滝沢　誠　一九九一「鋲留短甲の編年」『考古学雑誌』七六―三　日本考古学会

田中晋作　二〇〇一『百舌鳥・古市古墳群の研究』学生社

直木孝次郎　一九六八『日本古代兵制史の研究』吉川弘文館

直木孝次郎　一九七六「丹比連について」『美原の歴史』二号　美原町教育委員会

西谷真治　一九五九「測量」『図解考古学事典』（水野清一・小林行雄編）東京創元社

野上丈助　一九七七「丹比地域の開発と平尾遺跡」『増補河内の古代遺跡と渡来系氏族』私家版

橋本達也　二〇一九「東アジアの甲冑副葬と古墳時代の特質」『古墳と国家形成の諸問題』白石太一郎先生傘寿記念論文集編集委員会

濱田耕作　一九三六「前方後円墳の諸問題」『考古学雑誌』二六―九　考古学会

藤田和尊　二〇〇六「頸甲編年の構想と型式分類」『古墳時代の王権と軍事』学生社

藤田和尊　二〇一九「陪冢の展開」『古墳時代政権の地方管理経営戦略』学生社

馬淵和雄　一九九八『鎌倉大仏の中世史』新人物往来者

松木武彦　一九八八「畿内における靫形埴輪の変遷―埴輪に描かれた鏃と実物の鏃―」『待兼山遺跡Ⅱ』大阪大学埋蔵文化財調査委員会

美原町史編纂委員会　一九九九『美原町史』一巻　本文編

森　浩一　一九七八「古墳文化と古代国家の誕生」『大阪府史』第一巻　大阪府

森　浩一　一九九八『僕は考古学に鍛えられた』筑摩書房

吉田　晶　一九七九「古墳と豪族―丹比連（宿祢）と多治比公（真人）を中心として―」『古代の地方史』第三巻畿内編　朝倉書店

吉村和昭　一九八八「短甲系譜試論―鋲留技法導入以後を中心として―」『奈良県立橿原考古学研究所紀要　考古学論攷』一三冊　奈良県立橿原考古学研究所

和田一之輔　二〇一三「靫形埴輪の編年と系統」『文化財の新地平』吉川弘文館

堺市立みはら歴史博物館（M・Cみはら）

・大阪府堺市美原区黒山２８１
・電話　０７２（３６２）２７３６
・開館時間　９：30～17：15（入場は16：30まで）
・入館料　常設展２００円
・休館日　月曜日（ただし祝日の場合を除く）、祝日の翌日（土・日曜日にあたる場合は開館）、年末年始

堺市立みはら歴史博物館

・交通　近鉄南大阪線「河内松原」駅から近鉄バス余部行きで「大保」下車すぐ。

黒姫山古墳と河内鋳物師を中心とした常設展示をおこなっている。黒姫山古墳の甲冑・埴輪を多数展示する。

http://www.mc-mihara.jp

黒姫山古墳の甲冑展示

史跡黒姫山古墳歴史の広場ガイダンス施設

・堺市美原区黒山５２９
・交通　堺市立みはら歴史博物館から歩くか、南海電鉄高野線「北野田」駅から、南海バス38・39系統か近鉄バス多治井方面行き「黒姫山古墳前」下車すぐ。

古墳は史跡公園になっており、周囲には歩道があり、自由に見学できる。また、古墳に隣接してガイダンス施設があり、前方部墳頂実物大の野外復元展示、解説ビデオ上映などがある。ガイダンス施設は月曜（祝日を除く）、祝日の翌日、年末年始休館。

黒姫山古墳（左奥）とガイダンス施設

遺跡には感動がある

――シリーズ「遺跡を学ぶ」刊行にあたって――

「遺跡には感動がある」。これが本企画のキーワードです。

あらためていうまでもなく、専門の研究者にとっては遺跡の発掘こそ考古学の基礎をなす基本的な手段です。また、はじめて考古学を学ぶ若い学生や一般の人びとにとって「遺跡は教室」です。

日本考古学では、もうかなり長期間にわたって、発掘・発見ブームが続いています。そして、毎年厖大な数の発掘調査報告書が、主として開発のための事前発掘を担当する埋蔵文化財行政機関や地方自治体などによって刊行されています。そこには専門研究者でさえ完全には把握できないほどの情報や記録が満ちあふれています。しかし、その遺跡の発掘によってどんな学問的成果が得られたのか、その遺跡やそこから出た文化財が古い時代の歴史を知るためにいかなる意義をもつのかなどといった点を、莫大な記述・記録の中から読みとることははなはだ困難です。ましてや、考古学に関心をもつ一般の社会人にとっては、刊行部数が少なく、数があっても高価なその報告書を手にすることすら、ほとんど困難といってよい状況です。

いま日本考古学は過多ともいえる資料と情報量の中で、考古学とはどんな学問か、また遺跡の発掘から何を求め、何を明らかにすべきかといった「哲学」と「指針」が必要な時期にいたっていると認識します。

本企画は「遺跡には感動がある」をキーワードとして、発掘の原点から考古学の本質を問い続ける試みとして、日本考古学が存続する限り、永く継続すべき企画と決意しています。いまや、考古学にすべての人びとの感動を引きつけることが、日本考古学の存立基盤を固めるために、欠かせない努力目標の一つです。必ずや研究者のみならず、多くの市民の共感をいただけるものと信じて疑いません。

二〇〇四年一月

戸沢充則

著者紹介

橋本達也（はしもと・たつや）

1969年、大阪府堺市美原区生まれ。

早稲田大学大学院文学研究科修士課程修了。

鹿児島大学総合研究博物館教授。

主な著作 「地下式横穴墓の構造」『横穴式石室の研究』（同成社、2020年）、「東アジアの甲冑副葬と古墳時代社会の特質」『古墳と国家形成期の諸問題』（白石太一郎先生傘寿記念論文集編集員会、2019年）、『X線CT調査による古墳時代甲冑の研究』（編著、鹿児島大学総合研究博物館、2018年）ほか。

●写真提供（所蔵）

図3（上）：米谷晃一氏撮影・宮川徏氏提供／図6：宮内庁書陵部所蔵／図13・35（写真）：堺市文化財課／図20（写真）：大阪府立近つ飛鳥博物館／図22・25・26（写真）・27（写真）・28（写真）・29（写真）・31・32・33（写真）・36・38・40・41：牛嶋茂・橋本達也撮影、堺市立みはら歴史博物館所蔵／図42（写真）：大和高田市教育委員会／図50（写真）・54：公益財団法人大阪府文化財センター／図51：立命館大学アート・リサーチセンター／図52：長勝寺所蔵（左：大阪府立狭山池博物館提供）／図55：奈良県立橿原考古学研究所　＊黒姫山古墳出土甲冑一括は堺市指定有形文化財に指定

●図版出典（一部改変）

図2：国土地理院2万5千分の1地形図（大正11年）およびカシミール3Dにて作成／図5・15：『河内黒姫山古墳の研究』／図7：『美原町史』第1巻掲載の原図から著者作成／図8：奈良県立橿原考古学研究所提供写真に著者作成／図9・50：大阪府教育委員会・(財)大阪府文化財調査研究センター 1996『太井遺跡』／図11（上）：京都大学総合博物館1997『王者の武装』／図11（下）：北野耕平2002「唐櫃山古墳とその墓制をめぐる諸問題」『藤澤一夫先生卒寿記念論文集』／図12：石室図：近つ飛鳥博物館1997『古墳の科学捜査』掲載の原図から著者作成、出土状況図：『河内黒姫山古墳の研究』／図14：『河内黒姫山古墳の研究』／図23：橋本達也編2018『X線CT調査による古墳時代甲冑の研究』鹿児島大学総合研究博物館／図27（図版）：鈴木一有氏作成・提供／図28（図版）：鈴木一有2009「中期型冑の系統と変遷」『考古学ジャーナル』581／図33（図版）：柳本照男2005「御獅子塚古墳」『新修豊中市史』第4巻／図34（百舌鳥大塚山短甲写真）：堺市博物館2010『百舌鳥古墳群―その出土品からさぐる―』／図35（図版）：橋本達也2012「王者のまとう甲冑・古墳をかざる埴輪」『黒姫山古墳の甲冑と埴輪展講演会資料』／図39：『河内黒姫山古墳の研究』および『美原町史』第1巻掲載の原図を合成、著者作成／図43：大阪大学大学院文学研究科2014『野中古墳と「倭の五王」の時代』／図44：北野耕平1976『河内野中古墳の研究』大阪大学／図46：菅谷文則2002「安岳三号墳出行図札」『清渓史学』16・17号 ／図48：古墳：末永雅雄1985「大塚山古墳」『松原市史』第1巻、『太井遺跡』、堺市教育委員会1992『堺市文化財調査概要報告』第32冊、十河良和2003「日置荘西町窯系円筒埴輪の検討」『埴輪』第52回埋蔵文化財研究集会／図49：写真：国土地理院空中写真（1948/02/20）、遺物図：各調査報告書より著者作成／図52：長勝寺所蔵（右：美原町立みはら歴史博物館2003『梵鐘の音は時を超えて』）
上記以外は著者

シリーズ「遺跡を学ぶ」147

巨大古墳の時代を解く鍵　黒姫山《くろひめやま》古墳

2020年 11月 1日　第1版第1刷発行

著　者＝橋本達也

発行者＝株式会社 新 泉 社

東京都文京区本郷2－5－12
TEL 03（3815）1662 ／ FAX 03（3815）1422
印刷／三秀舎　製本／榎本製本

ISBN978－4－7877－2037－5　C1021

新泉社

シリーズ「遺跡を学ぶ」055

古墳時代のシンボル　仁徳陵古墳

一瀬和夫

エジプトのクフ王のピラミッド、中国の秦の始皇帝陵など世界の巨大な墓に勝るとも劣らない大古墳・仁徳陵古墳（大山古墳）。そこにねむっているのは誰なのか。どのようにしてこの巨大な古墳はつくられたのか。現在わかっている資料をすべて検討し真の姿にせまる。　１５００円＋税

シリーズ「遺跡を学ぶ」105

古市古墳群の解明へ　盾塚・鞍塚・珠金塚古墳

田中晋作

大阪府南東部に広がる大古墳群である古市古墳群は、古墳時代中期の畿内政権を探究する鍵と目されている。おもな大型前方後円墳の調査が制限されている現在、盾塚・鞍塚・珠金塚古墳のこれまでの調査成果の分析が、古墳群全体の解明への糸口を与えてくれる。　１６００円＋税

よみがえる百舌鳥古墳群――失われた古墳群の実像に迫る

宮川　徏

戦後開発で多くの古墳が破壊され、主要巨大古墳が天皇陵・陵墓参考地とされてベールに包まれたままの百舌鳥古墳群。地元堺市に生まれ育った著者が、みずからの調査と保存運動の体験から、空襲と大山古墳、戦後の破壊と保存運動、そして百舌鳥古墳群の全体像に迫る。　２５００円＋税